Diane M. Komp

Sag mir dein Geheimnis

Von krebskranken Kindern Hoffnung lernen
Erfahrungen einer Ärztin

BRUNNEN
VERLAG GIESSEN

ABCteam-Bücher erscheinen in folgenden Verlagen:
Aussaat-Verlag Neukirchen-Vluyn
R. Brockhaus Verlag Wuppertal
Brunnen-Verlag Gießen und Basel
Christliches Verlagshaus Stuttgart
(und Evangelischer Missionsverlag)
Oncken Verlag Wuppertal und Kassel

Übersetzung aus dem Amerikanischen:
Angela Klein-Esselborn
Lektorat: Renate Hübsch

Die Deutsche Bibliothek – CIP-Einheitsaufnahme

Komp, Diane M.:
Sag mir dein Geheimnis :
von krebskranken Kindern Hoffnung lernen ;
Erfahrungen einer Ärztin / Diane M. Komp.
[Übers. aus dem Amerikan.: Angela Klein-Esselborn]. –
Giessen : Brunnen-Verl., 1994
(ABC-Team ; 1043)
Eiheitssacht.: A child shall lead them ‹dt.›
ISBN 3-7655-1043-2
NE: GT

Umschlagbild von Korene Mosher,
einem 13jährigen Patienten der Autorin
Umschlaggestaltung: Eva Joneleit
Herstellung: St.-Johannis-Druckerei, Lahr
ISBN 3-7655-1043-2

Inhalt

Über dieses Buch

Dieses Buch ist eine Expedition in die Tiefe des Lebens. Eine Reise in das ferne, verdrängte Land unserer Angst. Es ist ein Buch über Krebs, Leid und Tod – aber noch mehr ein Buch über das Leben und die Hoffnung. Es ist voll von praktischen Hinweisen für Kranke und deren Familien – und zugleich voll mit Weisheit für die noch Gesunden.

Nein, Sie bekommen hiermit keine leichte Unterhaltung zum schnellen Entspannen nach Feierabend. Aber Sie haben etwas Überlebenswichtiges in der Hand: Erfahrungen und Einsichten, die Ihre persönliche Einstellung zu Leben und Sterben verändern können, die Sie hoffnungsvoller, reifer und bewußter machen können.

Denn *Sag mir dein Geheimnis* richtet sich nicht nur an die Angehörigen krebskranker Kinder. Wir werden uns selbst darin wiederentdecken: „Krebs ist leichter zu heilen als die tödliche Furcht vor dem Krebs", sagt Diane Komp. Sie meint damit nicht nur unsere fast magische Angst vor dieser Krankheit, sondern entlarvt das Wort Krebs zugleich als einen anderen Ausdruck für Leben und Tod – für all jene scheinbar schicksalhaft über uns herrschenden Wirklichkeiten und Begriffe, die wir – unbewußt oder bewußt – so nachhaltig zu verdrängen und zu vermeiden suchen.

Aber je intensiver und zwanghafter wir die Begegnung mit Leid und Tod vermeiden, um so mehr binden wir uns an die Angst davor, um so mehr verbauen wir uns die Chance, freier zu werden und die Wirklichkeit realistisch zu sehen. „Es bereitet mehr Schmerz, unseren ‚Sicherheits'-Abstand zu krebskranken Kindern einzuhalten, als sich mitten hineinzubegeben", schildert Professor Komp ihre eigene Erfahrung. Insofern ist dieses Buch nicht nur eine Chance, die eigene Angst zu bewältigen, sondern es weist in eine tiefere Dimension des Lebens und Glaubens.

„Verletzlich werden für das Leid ist der Preis des Glücks. Leid ist immer Teil des Glücks", sagte der englische Autor C. S. Lewis, als seine krebskranke Frau nach kurzer Ehe starb. Auch er begegnete der Tiefe des Glücks erst, nachdem er bereit war, sich dem vollen Risiko des Lebens zu stellen. Und gerade das müssen wir heute wieder hören: Daß der Mut dazu, Leid, Schmerzen, Kampf und mühseliger Arbeit ins Gesicht zu schauen, der Schlüssel zur Tiefe des Lebens ist. Eben deswegen lohnt es sich, heute für morgen zu arbeiten, sich in das Leben anderer Menschen zu investieren, an einer Beziehung zu arbeiten, für den Fortbestand einer Ehe zu kämpfen, tiefe Bindung zu wagen.

Für Diane Komp selbst hat die Begegnung mit dem Leben und Sterben krebskranker Kinder zu einer neuen Gewißheit über Gott geführt. Auch ihr Buch weist auf diese eigentliche Wirklichkeit des Lebens hin: Gott, der mitten im Leid auf unserer Seite steht und den wir gerade hier neu entdecken können – wenn wir es wagen, ihm dennoch und trotz allem vertrauensvoll zugewandt zu bleiben.

Ulrich Eggers
Redaktionsleitung FAMILY-Magazin
Cuxhaven, Ostern 1994

„Und was sammeln Sie?"

„Und was sammeln Sie?" Diese Frage stellte mir ein Gast, der selbst ziemlich viel in der Welt herumgekommen war und sein Haus mit kostbaren Kunstgegenständen füllte, die er von vielen Reisen in den Fernen Osten mitbrachte. Ich sammle zwar keine Kunstobjekte, so wie er, aber eine Sammlerin bin ich auch. Ich sammle Geschichten. Meine Schätze sind Geschichten über Kinder.

Mein erstes Buch, *Fenster in den Himmel,* berichtete von geistlichen Erfahrungen, die Kinder und Jugendliche im Angesicht des Todes gemacht haben. Dieses Buch schildert, was Kinder mich über das Leben gelehrt haben. Etwas sehr Paradoxes zieht sich wie ein roter Faden durch diese Geschichten, die weit verbreitete Vorurteile über Krankheit, über Leben und Tod auf den Kopf stellen – vielleicht auch die meiner Leser.

Namen und unbedeutende Einzelheiten wurden in den Geschichten geändert, damit die betroffenen Menschen anonym bleiben können; wo irgend möglich, habe ich die Darstellung mit den Familien abgesprochen. In wenigen Fällen habe ich eine Geschichte aus verschiedenen Biographien zusammengesetzt.

Ganz bewußt habe ich auch Wege von Kindern hinzugenommen, die noch immer in Behandlung sind; Geschichten, deren letztes Kapitel noch nicht geschrieben ist. Wir müssen es lernen, auch mit der Ungewißheit zu leben. Hoffnung, die man sieht, ist keine Hoffnung; dies ist ein Buch über Hoffnung.

Die meisten Anregungen zu diesem Buch kommen von der immer größer werdenden Zahl meiner „Langzeit-Überlebenden", Patienten, die nach einer Krebserkrankung langfristig geheilt sind. Sie sind die unbesungenen Helden und Heldinnen des Krebs-Dramas. In gewissem Sinne ist dieses Buch ihr Lied.

Viele, die heute über Gesundheit und geistliches Leben schreiben, tun dies im Kontext von alternativen Heilmethoden und meist aus einer Haltung grundsätzlicher Skepsis gegenüber der Schulmedizin. Ich tue das nicht. Die meisten meiner Patienten suchen medizinischen Rat und Betreuung im Rahmen des normalen „medizinischen Establishments". Ihre Familien stellen ihre Glaubensfragen aus einer jüdisch-christlichen Tradition heraus. Beides ist auch mein eigener Erfahrungshintergrund.

Zum Schluß möchte ich die Weggefährten nennen, die dazu beitrugen, daß dieses Buch zustande kam. Mein Dank gilt den Kindern, ihren Eltern und meinen Kollegen in Yale. Sie teilen mit mir die Arbeit, den Schmerz, die Freude und die Hoffnung. Sie haben das Lied angestimmt und helfen mir, die Melodie durchzuhalten.

Diane M. Komp
New Haven, Connecticut

PROLOG

Laßt mich von meinen Enkelkindern erzählen

Gesegnet sei die Kindheit,
die auf unsere rauhe Erde
ein Stück Himmel herabbringt . . .
Henri Frédéric Amiel

Liebe Crumb-Bunny,*
an dem Tag, an dem Du Deine Knochenmarkstransplantation erhältst, muß ich Dir erzählen, was für ein besonderes Baby Du bist. Und wieviel Segen über Deinem Leben liegt. Ich sitze an Deinem Kinderbettchen und schreibe einen Brief in Dein Hoffnungsbuch, und ich stelle mir vor, daß Du diese Zeilen einmal lesen wirst – an Deinem Hochzeitstag.

Diese Krankheit, die Dich an die Schwelle des Todes gebracht hatte (und an die Tür meines Sprechzimmers), trifft nur ein einziges von einer Million Babys. Und die meisten von ihnen sterben. Und doch habe ich entschieden: Du sollst einmal eine Braut sein.

Du bist etwas Besonderes, denn Du hast sozusagen fünf lebende Großeltern. Als ich auf die Welt kam, lebte nur noch ein einziger Teil von meinen Großeltern. Ich werde Dir noch erzählen, wie es kam, daß Deine Ärztin Deine „Zusatz-Oma" wurde. Aber zuerst will ich Dir eine Gutenacht-Geschichte erzählen, ein Märchen von Prinzessinnen und Großmüttern.

Eine Mami fragte ihr kleines Töchterchen, was sie einmal werden wolle, wenn sie groß sei. Das Kind dachte eine Weile nach. Es nahm sich Zeit für die Antwort, wie Kinder es manchmal tun. „Ich möchte Prinzessin werden", sagte sie schließlich. „Und Oma."

„Was tut denn eine Prinzessin?" fragte die Mutter. Das Kind antwortete bestimmt: „Eine Prinzessin trägt wunderschöne lange

* Kosename; deutsch etwa „Kleines Häschen" (Anm. d. Übers.)

Kleider und tanzt den ganzen Tag in einem wunderbaren Schloß!"
Und mit großen Augen schaute sie in die Ferne und träumte ihren bezaubernden und geheimnisvollen Traum von ihrem zukünftigen Schloß.

„Und was tut eine Großmutter?" forschte die Mutter weiter. Die Antwort kam nach längerem Nachdenken: „Eine Oma spült das Geschirr und macht die Betten und putzt die Fenster . . . Vielleicht werde ich doch lieber nur Prinzessin!"[1]

Laß es Dir gesagt sein, Prinzessin, daß diese Oma keine Fenster putzt! Zu den Aufgaben einer Großmutter gehört viel mehr, als diese kleine Prinzessin wußte. Die Großmütter sind es, die die Familiengeschichte und die Traditionen weitergeben. Nur allzu gern sind wir das Bindeglied zwischen Vergangenheit und Gegenwart, während wir kleine Prinzessinnen in unserem Schoß wiegen.

Oma zu sein bedeutet, Geschichtenerzählerin zu sein. Und Prinzessin zu sein bedeutet, daß man selbst die Geschichte ist.

Die Schlagzeile der Abendnachrichten sprang ins Auge: YALENEW HAVEN-HOSPITAL MACHT MEDIZINGESCHICHTE. Wir alle waren zusammen auf der Station für Knochenmarkstransplantationen und genossen einen Moment des Triumphes. Im Fernsehen sahen wir uns an, wie unser gemeinsames Leben eines Jahres in Schnipsel zerlegt wurde. Die Moderatorin warb um Aufmerksamkeit, indem sie ankündigte, einige der nachfolgenden Szenen seien „echt". Dann lief der ausführliche Mitschnitt einer Operation ab und füllte den Bildschirm mit dem Bild eines Patienten, der narkotisiert auf dem Tisch lag, steril verhüllt, fertig für den Eingriff. Stahlnadeln blitzten auf, Spritzen schimmerten, Instrumente blinkten; die Spannung wuchs. Der Patient war ein Knochenmarkspender, ein Lebenspender.

„So wird das also gemacht!" bemerkte ein kahlköpfiger Mann von der anderen Seite einer Plastikstellwand zwischen uns. „Ich habe noch nie gesehen, wie es gemacht wird." Die Bemerkung kam von einem Patienten, der in der Schutzzone eines Knochenmarkstransplantations-Raumes untergebracht war. Wir, das medizinische Personal und die Familie eines todkranken Babys, drängten uns jenseits einer gelben Linie, der Grenze zum Niemandsland, die uns von dem jungen Geschäftsmann auf seiner „Lebensinsel" trennte. Würden wir die Linie überschreiten, wäre sein Leben in Gefahr.

Bald erschien unser Patient selbst auf dem Bildschirm, wobei die Kamera geschickt durch die schützende, durchsichtige Trennwand gefilmt hatte. In den ersten Abendnachrichten waren wir die Gäste im Sicherheitsabstand. Das Nachrichtenteam hatte ihn am Vormittag interviewt und vom glücklichen Ausgang seiner Geschichte erfahren. Er würde bald entlassen werden, da die von seinem Bruder gespendeten Zellen bereitwillig sein eigenes Knochenmark wiederbelebten.

Ein paar Türen weiter begann gerade eine neue Geschichte. Das Baby, meine Patientin, war neu in dieser fremdartigen Welt. Sie hatte noch einen weiten Weg vor sich. Wir haben selten so kleine Patienten auf der Transplantationsstation. Die Schwestern hatten den kleinen Raum mit der ganzen Sorgfalt geschmückt, mit der junge Eltern das Kinderzimmer ihres Erstgeborenen ausstatten. Steril muß ja nicht zugleich unpersönlich bedeuten.

Ungefähr hundert Meilen entfernt wartete ein Hubschrauber auf einen britischen Jumbo Jet, der unsere Schwester Hanne mit einem Geschenk von unschätzbarem Wert für das 17 Monate alte Kind mitbringen sollte. Hanne hatte nicht mit einem Hubschrauberflug gerechnet, als sie die Aufgabe übernahm, das gespendete Knochenmark aus London zu holen und das lebenspendende Geschenk den ganzen Weg von einem britischen Operationssaal bis hierher in der Hand zu halten. Wir alle wollten ihr Gesicht sehen, wenn sie schließlich landete und all die Fernsehkameras und unser ganzes Team vor sich sehen würde.

Auf diesen Tag hatten wir ein ganzes Jahr lang gewartet. Das Baby war gesund auf die Welt gekommen, aber kurz danach erkrankt. Drei Jahre zuvor war ihr Bruder kurz nach der Geburt an derselben seltenen Krankheit gestorben. Erst als sie zu uns kam, wurde die richtige Diagnose vermutet – eine genetische Erkrankung, die in einem von einer Million Fällen auftritt.

In den fünfundzwanzig Jahren, die ich nun als Spezialistin für Blutkrankheiten und Krebs bei Kindern arbeite, haben sich meine Forschungen die meiste Zeit auf eine seltsame und seltene Krankheit konzentriert, die sogenannte „Histiozytose“. Das Baby hatte die seltenste und am ehesten tödlich verlaufende Form davon. Bis vor wenigen Jahren starben letzten Endes alle Kinder mit dieser Form der Histiozytose – wie ihr Bruder. Aber nun gab es einen Hoffnungsschimmer.[2]

Es war richtig aufregend, in den medizinischen Zeitschriften die ersten Berichte über ein mögliches Heilverfahren zu lesen. Eine Knochenmarkstransplantation, bei der man Zellen von gesunden Geschwistern entnahm und sie den kranken Kindern gab, war eine relativ neue Behandlungsmethode für diese Krankheit. Dieses Baby hatte keine lebenden Geschwister, kein passendes Gegenstück. Und die bedrohliche Krankheit, die durch Chemotherapie unter Kontrolle gehalten wurde, wollte sich nun erneut ausbreiten.

Nur allzu deutlich war uns bewußt, daß viele Kinder starben, bevor geeignete nicht-verwandte Spender gefunden werden konnten. Es ist ein Akt verzweifelter Hoffnung, wenn man sich über den kleinen, abgegrenzten Familienkreis hinaus an eine riesige, unbeteiligte Welt wendet. Würde ein Fremder genug für einen Fremden empfinden? Würden wir rechtzeitig einen Spender finden?

An diesem Abend gab es Grund zum Feiern. Tausende von Kilometern entfernt von uns gab es jemanden, der genug Mitgefühl für ein fremdes Kind in einem anderen Land aufbrachte, um diese Operation auf sich zu nehmen. In England lebte ein perfektes Gegenstück, eine nicht-verwandte Knochenmarkspenderin, die für unser Baby Hoffnung bedeutete.

Die Gemeinde, zu der die Familie gehörte, organisierte Gebetswachen rund um die Uhr. Tage zuvor hatte das Baby Chemotherapie in gefährlich hoher Dosierung erhalten, durch die Platz für das neue Knochenmark geschaffen wurde.

Das Kind winkte mir hinter dem Plastikvorhang zu, und es war kaum zu fassen, wie absolut wehrlos sie war gegenüber gewöhnlichen Keimen in ganz normaler Luft oder in sauberem Leitungswasser. Das Surren des Reinluft-Ventilators erinnerte auf unheimliche Weise an ihre totale Verwundbarkeit.

Um sechs Uhr hasteten wir alle zusammen zum krankenhauseigenen Hubschrauberlandeplatz, winkten und lachten, umarmten uns wie glückliche Narren und hielten uns gegen die letzten Sonnenstrahlen schützend die Hände vor die Augen. Die Journalisten drängten sich vor und warteten gelassen auf den großen Moment, in dem unsere Hanne aus dem Hubschrauber steigen würde.

Die Kameralinsen holten die Übergabe an Dr. Joel Rappeport ganz nah heran und schwenkten dann zu den jungen Eltern, die berichteten, wie sie in der ganzen Welt nach einem geeigneten Spender für ihr einziges lebendes Kind gesucht hatten. Dieser Augenblick, so sagten sie, sei für sie eine Antwort auf ihr Gebet.

Eine aus dem Pulk der Presseleute hatte bemerkt, wie überschwenglich ich mich über diesen Augenblick freute, und hoffte, daß hier am Rand der Menge noch eine Story zu holen wäre. „Wer sind Sie?“ fragte sie mich. „Die Großmutter des Babys?“

Meine Kollegen starrten sie ungläubig an. Als sie meinen Namen erfuhr, stammelte sie eine Entschuldigung und murmelte einen Glückwunsch. Wir lachten auf dem ganzen Rückweg zur Klinik.

Später überquerte ich mit dem Auto die Brücke, die meine beiden Welten verbindet. Es war sicher etwas an mir gewesen, das sie darauf schließen ließ, ich sei die Großmutter des Babys. Was für ein überwältigendes Kompliment! Und welch seltene Gelegenheit tat sich da auf. Vor Jahren habe ich die ersten Sprößlinge meiner Langzeit-Überlebenden als meine „Enkelkinder“ bezeichnet. Jetzt, wo ich älter werde, könnten die Eltern meiner Patienten schon meine Kinder sein.

Wenn Sie also ein paar Stunden Zeit haben, lassen Sie mich von diesen Enkelkindern erzählen. Lassen Sie mich meine Welt mit Ihnen teilen. Vergessen Sie, was Sie über Krankheit und Tod, Kinder und Krebs wissen oder denken. Stellen Sie sich ein auf ein Paradox. Wo wir nichts als Tod erwarten, ist Leben im Überfluß. Wo wir Pathos vermuten, finden wir statt dessen Heiterkeit und Humor. Kinder gehen voran und die Erwachsenen, wenn sie klug sind, folgen ihnen. Geben wir also unsere vorgefaßten Meinungen an der Pforte ab und ziehen wir die Schuhe aus: Hier ist heiliger Boden.

Ein Kind weist den Weg

Die Hoffnung ist ein umgekehrter Don Quichote,
der feindliche Schwerbewaffnete zu Windmühlen erklärt.
Gabriel Laub

Liebe Crumb-Bunny,
kostbar, unersetzlich, verletzlich und todkrank warst Du, als wir uns zum ersten Mal begegneten. Vom ersten Augenblick an hatte ich Dich in mein Herz geschlossen, Dich zu einem Teil unserer Familie gemacht. Ich brütete über den düsteren medizinischen Fakten Deines Falles und sah meine Kollegen schon in Gedanken einen Trauerflor über Dein Bettchen hängen.

Mit dieser Diagnose warst Du für sie schon so gut wie tot. Statistisch gesehen waren sie zu dieser Meinung durchaus berechtigt. Aber ich war entschlossen, Dunkelheit in Hoffnung zu verwandeln und Hoffnung in Taten. Das war der Ursprung Deines persönlichen Hoffnungsbuches.

Heute, an Deinem Tag der Hoffnung, ist ein Tag, um danke zu sagen. Neben Deinem Bettchen hängt eine Karte von Deiner Spenderin, die Dir ihre Segenswünsche sendet. Sie hat mit ihrem Vornamen unterschrieben, und wir haben uns in Gedanken ein Bild von dieser Frau gemacht, die wir mittlerweile lieben wie eine Schwester. Deine Mama hat ein Päckchen mit Dankesbriefen zusammengestellt, das sie ihr schicken will. Die britische Knochenmark-Zentrale wird unseren Dank an sie weiterleiten. Bisher sind es hundert Karten, die an sie zu schicken sind.

Babys können Erwachsene dazu bringen, die ungewöhnlichsten Dinge zu tun, die wir sonst nicht füreinander fertigbrächten. Solange es Babys gibt, gibt es Hoffnung.

Als ich anfing, Medizin zu studieren, hatte ich nicht entfernt daran gedacht, Kinderärztin zu werden, geschweige denn Spezialistin für Krebs bei Kindern.[1] Doch letztes Jahr, an einem

Dezembermorgen um 3 Uhr früh, fand ich mich in der Notaufnahme und traf Vorbereitungen dazu, einem fremden Kind Schmerzen zuzufügen.

„Matt, ich muß dir jetzt eine Spritze geben", warnte ich ihn vor, während ich den Tupfer zum Desinfizieren aufriß. Der medizinische Geruch in meiner Nase ließ eine längst vergessene Erinnerung aufsteigen. Als ich selbst in Matts Alter war, mußte mich mein eigener Kinderarzt um den Untersuchungstisch herumjagen. Er mußte mir nur eine Penicillinspritze geben, aber er war an diesem Tag wohl nicht gut in Form. Nach ein paar schweißtreibenden Runden gab er frustriert auf. Er unternahm nichts weiter, um meiner habhaft zu werden, und erklärte meiner Mutter, daß meine Hysterie die Wirkung des Penicillins neutralisieren würde, selbst wenn er es mir gäbe. Mein Adrenalin, behauptete er, könnte die Wunderwirkung der Wundermedizin aufheben. Selbst als Achtjährige konnte ich schon eine pharmakologische Flunkerei entdecken.

Matt gab mir in den Monaten, die auf den Initiationsritus in dieser trostlosen Winternacht folgten, noch häufig Gelegenheit zu kleinen Verfolgungsjagden. Er führte mir wieder vor Augen, wie es ist, ein verängstigtes Kind zu sein. Ich erinnere mich noch gut an die liebevolle Art seines Vaters und an die Entschiedenheit der Mutter. Seine Mutter ließ nicht zu, daß ich bei dieser Jagd aufgab, und ich wollte nicht flunkern.

Seine Mutter blieb bei all den schmerzhaften Behandlungen bei ihm, die wir unternahmen, um Matts Leben zu retten. Wenn ich von meinen Instrumenten aufschaute, sah ich, wie sie ihm ihre Tigerin-Blicke zuwarf. Manchmal muß eine Mutter lernen, mit den Krallen zu denken. Wenn ich fertig war, sah ich Tränen in ihren Augen, während sie ein „Danke" flüsterte.

Ich hatte nie daran gedacht, die Laufbahn meines Kinderarztes zu meiner eigenen zu machen. Ein Professor während meiner pädiatrischen Facharztausbildung verstärkte diese Abneigung. Ich saß in einem Stationszimmer und hörte mir den ungebetenen Rat eines erfahrenen Kinderarztes an.

„Lassen Sie die Finger von der Kinderheilkunde", sagte er und unterstrich seinen Rat, indem er mir väterlich die Hand tätschelte.

„Frauen sollten nicht mit leidenden Kindern konfrontiert werden." Das war sein Ernst. Er versuchte, mich zu überzeugen.

Es folgten Bekräftigungen. Er verwies auf seine eigene Tochter, die auch Ärztin war. Er glaubte selbst, was er da sagte. Natürlich gab es seiner Meinung nach in der Medizin Platz für Frauen, aber nicht in der Kinderheilkunde.

Er hatte seine Tochter von seinem eigenen Fachgebiet weggelotst (und wollte auch mich so weit bringen). Ich glaube, er dachte, Geheimnisse seien bei Männern besser aufgehoben. Rahel mochte um ihre Kinder weinen.

Das Geheimnis von Leiden und Tod kann wirklich sehr tief sein. Als Studentin war es meine größte Angst, daß ich weinen müßte. Ich stellte mir vor, wie die ganze Fakultät die wenigen Studentinnen beobachtete und nur darauf wartete, daß sich die Schleusen öffneten, und ich wollte ihnen kein Material für ihre Vorurteile liefern.

Ein Dozent der Pharmakologie war äußerst verwirrt, als ich wegen eines Hundes weinte, der für einen Laborversuch gebraucht wurde. Während seiner ganzen Fachausbildung hatte ihm niemand beigebracht, wie er in solchen Situationen reagieren konnte. Ich verstand, daß er nicht wußte, wie er mit weiblichen Studenten umgehen sollte. Sein Labor ging unter in Tränen und Chaos. Ich sah seinen Gesichtsausdruck und weinte nie wieder.

An diesen Tag dachte ich, als ich später meinem Professor zuhörte. War dieser Kinderarzt ein Prophet, der eine „dunkle Nacht der Seele" für mich vorhersah? Oder war er einfach ein freundlicherer und höflicherer Sexist?

Die Szene, die sich vor so langer Zeit im Stationszimmer zugetragen hatte, war einer dieser wunderbaren Momente, in denen junge Ärzte von ihrem Mentor die Kunst der Medizin erlernen. Wir lernen durch das Vorbild anderer, durch das, was sie mit uns teilen wollen. Dreißig Jahre später, in einem anderen Stationszimmer, bin ich die Kinderärztin, die Professorin, die Mentorin. Vor mir ein leidendes Kind, das noch mehr erleiden muß, bevor der Tag anbricht, und neben mir eine junge Medizinstudentin, die jede meiner Bewegungen verfolgt.

Der Dozent, der mich so ernsthaft zu überzeugen versucht hatte, war der erste, aber nicht der einzige in der medizinischen Arbeit mit Kindern. In diesem Mammut-Stadtkrankenhaus versuchten junge Kinderärzte, selbst noch in der Fachausbildung, mich in ihren glücklichen Berufsstand zu locken. Diese Assistenzärzte der Kinderheilkunde waren wirklich glückliche Enthusiasten, immer auf der Suche nach weiteren Anhängern.

Der Kinder-Station war eine der wenigen ohne Gefängnistrakt. In diesem riesigen Hafen für die leidenden Armen gab es nie genug Betten für alle, die eines brauchten. Außen um die Kinderstation waren zwar keine Gefängnismauern gezogen, aber viele unserer Kinder waren trotzdem gefangen in Verhältnissen, auf die sie keinen Einfluß hatten.

Die Eltern, gefangen in ihrer Armut, kamen uns ebenso machtlos vor wie ihre Kinder. Auf dieser Station, wo man zuerst lernte, eine Windel zu wechseln, bevor man lernte, den Behandlungsplan aufzustellen, begegnete ich erfahrenen Ärzten, die davon überzeugt waren, daß sie die Welt verändern könnten. Und der größte Don Quichote unter ihnen hatte die Leitung inne.

Der Professor der Kinderheilkunde stellte hohe Erwartungen an uns. Daß wir die wissenschaftlichen Einzelheiten beherrschten, setzte er voraus. Was ihn mehr interessierte war die Frage, was wir als Menschen gelernt hatten. Er wollte nicht zulassen, daß unsichtbare Gitter ihn und die ihm anvertrauten Babys einsperrten. Um Kindern zu helfen, deren Körper voller Umweltgifte steckten, riskierte er einen Konflikt mit der Stadtverwaltung. Bleivergiftung konnte heute zum Tod oder morgen zur Lernunfähigkeit führen. Dieser Professor entließ die Kinder einfach nicht nach Hause, damit sie dort auf einer dieser Schienen starben.

Als Medizinstudenten konnten wir die biochemischen Geheimnisse benennen, den Enzymblock bei der Hämoglobinsynthese, durch den diese Schädigung zustandekam. Aber wenn wir uns keine Vorstellung von den sozialen Ursachen dieser Krankheit machten – wenn wir nicht wußten, wie das Blei eigentlich in die Kinder hineinkam –, hatten wir in seinen Augen versagt.

Der Belegungsplan für die Kinderstation entsprach seinen Forderungen. Unsere Betten waren immer mit diesen Kindern belegt, auch mit solchen, die längst gesund genug gewesen wären, um entlassen zu werden. Der Zustand der Sozialwohnungen, die Ursache der Erkrankung, war für die Bürokraten von geringer Bedeutung. Einen Monat, bevor ich mein Studium der Kinderheilkunde begann, arbeitete ich auf dem Gesundheitsamt und besuchte eine Familie, die in solcherart öffentlich geförderter Verwahrlosung lebte. Die Gegend war so gefährlich, daß wir uns gelegentlich den Schäferhund von Freunden ausliehen, um unsere Hausbesuche durchzuführen. Heutzutage brauchte man dazu Polizeischutz.

Ich habe mit eigenen Augen gesehen, wie alte, auf Bleibasis hergestellte Farbe scheibchenweise von den Wänden blätterte und in hungrige Münder und heranwachsende Gehirne wanderte. Niemand hörte auf die Beschwerden der mittellosen Mieter. Schließlich waren sie nur Sozialhilfeempfänger.

Die Sachbearbeiter bei der Stadtverwaltung verwiesen sie mit Vorliebe darauf, wie glücklich sie sich doch schätzen konnten, daß sie überhaupt ein Dach über dem Kopf hatten.

Eine „Hot Line“ verband Prof. Lanmans Büro mit dem Labor des Gesundheitsamtes, wo der Bleigehalt im Blut gemessen wurde. Er entließ das Kind nicht aus unserer Kinderklinik, bevor die Wohnverhältnisse stimmten. Da es sich die Stadt nicht leisten konnte, daß sich unsere Betten der Aufnahmestation mit chronischen Fällen füllten, wurde prompt ein Fachmann zu ihnen nach Hause geschickt, damit die Reparaturarbeiten vorangingen. Dieser Arzt nutzte seine Befugnisse, um den Machtlosen zu helfen, und siegte.

Mein Held hatte silbrige Schläfen und trug einen langen weißen Baumwollkittel. Wir tuschelten miteinander, wenn er den Gang entlangschritt, und erzählten uns Geschichten von all den Windmühlen, die er erfolgreich bekämpft hatte. Ich tuschelte am meisten.

In der Kinderheilkunde fühlte ich mich frei, ganz ich selbst zu sein. Es war kein großes Geheimnis, daß ich ganz vernarrt in ein Baby war, das mit Herzproblemen eingeliefert worden war. Ihre Mutter hatte solche Angst, daß Milagros sterben könnte, daß sie nie zu Besuch kam. Wenn die Schwestern mit mir ihre medizinische Versorgung besprachen, nannten sie mich die „Mutter“ des Mädchens.

Damals lag mein eigenes Einkommen unter der Armutsgrenze, aber das hinderte mich nicht daran, eine gebrauchte Nähmaschine zu kaufen. Ich nähte für meine „Tochter“ elegante Spitzennachthemdchen. Ich hatte schon immer etwas für Spitzen übrig, genau wie Milly. Sie war sehr stolz darauf, setzte sich in ihrem Bettchen in Szene und posierte mit den Spitzen.

Ich war immer der Meinung, meine nebenberufliche Näherei sei mein Geheimnis, das nur die Schwestern kannten. Meine Vermutung stellte sich als falsch heraus, als die Professoren uns bei unserer Visite begleiteten. Als wir zu Millys Bettchen kamen, stand ich ganz hinten in der Gruppe, damit das Baby und die Schwestern mich nicht verrieten.

Der Professor knöpfte die Spitzenborte am Halsausschnitt auf, um das Herz abzuhören. Dann drehte er sich nach mir um. „Frau Komp, ich erkenne Ihre Nähte auf den ersten Blick. Ich nehme an, daß Sie das Baby hier für den Rest der Visite auf dem Arm halten werden. Nächstes Mal holen Sie sie eher. Milly sollte nicht so lange auf ihre ‚Mutter‘ warten müssen.“

Dieser souveräne Gentleman tätschelte niemandem die Hand. Wenn er denn eine Vaterfigur war, dann eine von der Sorte, die segnen und freigeben. Er segnete mich durch sein Vorbild und ließ mir die Freiheit, meinen eigenen Weg zu finden. Noch immer dachte ich nicht ernsthaft daran, eine Laufbahn als Kinderärztin einzuschlagen.

Aus dem Munde meines nächsten Lehrers, des Menschen, auf dessen Meinung ich den meisten Wert legte, vernahm ich nie einen direkten Rat. Vier glückliche Wochen lang arbeitete ich bei einem hervorragenden Arzt, der einem Unterdrückungsregime in einem anderen Land entronnen war und sein Berufsleben in Amerika begann.

Obwohl er zum Internisten ausgebildet war, wurde Dr. Torres Herzspezialist für Kinder und fühlte sich am wohlsten bei Heranwachsenden und denen, die sich für sie einsetzten. Um seine amerikanischen Zeugnisse zu vervollständigen, mußte er ein Jahr lang auf seine verantwortungsvolle Stelle an der Universität verzichten und als Assistenzarzt arbeiten. Als ich Studentin war, war er mein zuständiger Assistenzarzt auf der Kinderstation. Ein bescheidener Assistenzarzt. Ich folgte ihm überall hin. Er brachte mir einfach alles bei, was er über Kinder wußte.

Ich stöhnte und klagte über meine Berufsentscheidung, bis die Bewerbungsfrist für mein Medizinpraktikum dem Ende zuging. Die jüngeren Assistenzärzte versuchten mich zu beschwatzen; Dr. Torres sagte kein einziges Wort.

Ich kann mich nicht mehr genau erinnern, welche Überlegungen im einzelnen zu der wichtigsten Berufsentscheidung führten, die ich jemals getroffen habe. Es schien, als hätte sich der Himmel geöffnet und mir ein Schild mit dem Wort KINDERHEILKUNDE in großer Schrift direkt vor meine Augen gehalten. Mit dieser Offenbarung lief ich zu Dr. Torres ins Büro.

„Diane, Diane!“ Er lachte und schüttelte den Kopf. „Sie waren die einzige, die nicht wußte, daß Sie Kinderärztin werden würde.“ Noch am selben Tag bewarb ich mich als Assistenzärztin in der Kinderheilkunde. Ich habe diese Entscheidung niemals bereut.

Jetzt, um 3 Uhr morgens, sitze ich mit einem Assistenzarzt in einem anderen Krankenhaus. Er ist von der langen Arbeit erschöpft, sorgt sich um Matt und ist äußerst beunruhigt über die Diagnose, die ich vermute. Matts gelbe Hautfarbe, der ballonartig aufgeblasene Bauch, der schmerzverzerrte Ausdruck in seinen Augen – all das spricht für Krebs. Weder Schulangst, wie der erste Arzt vermutete, noch Hepatitis, wie der zweite hoffte.

Der Assistenzarzt entschied sich für Kinderheilkunde, weil er davon ausging, daß Kinder, wenn sie überhaupt krank werden, nur solche Krankheiten bekommen, die schnell wieder abklingen. An einem Tag niesen sie, am nächsten spielen sie schon wieder. Krebs ist unanständig und sollte überhaupt niemandem passieren, und schon gar nicht einem Kind. Genausowenig sollte ein Fremder einem kleinen Fremden noch mehr Schmerzen zufügen müssen. Und Eltern sollten nicht in den Augen eines Arztes nach Wahrheit und Hoffnung suchen müssen. Ich kannte diese Gedanken (ich habe sie ja selbst auch gehabt).

Unsere gemeinsame Aufgabe, die des Lernenden und die des Lehrenden, ist es, um Matts Leben zu kämpfen. Heute nacht, in den Stunden bis zum Morgen, in denen wir uns gemeinsam anstrengen, werde ich hoffentlich etwas vermitteln, was wert ist, gelernt zu werden. Jedenfalls werde ich ihm nicht die Hand tätscheln.

Die „Offenbarung“, die meinen Werdegang bestimmte, löste ein Dilemma, aber sie hinterließ dafür ein anderes. Das Rätsel des Leidens schwebte weiter über mir, ungelöst, bedrohlich. Da ich selber die Entscheidung getroffen hatte, konnte mich niemand vor Kindern schützen, die leiden müssen. Aber ich suchte weiter nach einem Grund für ihr Leiden. Sowohl die Wissenschaft als auch die Religion hatten mich gelehrt, daß es auf Fragen auch Antworten gibt. Meine Suche führte über die Kinder und ihre Eltern hinaus, hin zu Gott. Und dort endete meine Auflehnung – bei Gott.

Vor diesem Rätsel des Leidens geriet mein Glaube ins Schwimmen. Ein Junge, der die Bluterkrankheit hatte, verletzte sich jedes Jahr an Weihnachten absichtlich, um zu uns in die Kinderklinik zu kommen. Unser „Zuhause“ war glücklicher als seins. Das Gehirn eines kleinen Mädchens war so von Leukämie zerstört, daß sie Halluzinationen von Käfern hatte, die über ihre Arme krabbelten. Wir gaben ihr ein Beruhigungsmittel; die eingebildeten Käfer blieben, aber es machte ihr nichts mehr aus. Wo gab es eine Hoffnung für diese Kinder?

Lämmer und Löwen konnten bestimmt nicht mehr beieinander liegen, wie es ein gutgläubiger Prophet einst verkündet hatte.[2] Von meinem Standpunkt aus schien es, als prügelte Gott die Lämmer statt der Löwen. Wie konnte ein denkender Mensch an so eine Gottheit glauben? Wie sollte ich meinen eigenen Weg durch diesen Dschungel finden, wie gar die Lämmer in Sicherheit bringen?

Was mir in diesem Dschungel noch bevorstand, war die Lektion, daß nicht ich es war, die die Kinder heimführte. Vielmehr sollten es die Kinder sein, die mir vorangingen.

Mein Herz soll brechen

Das Herz muß brechen
oder zu Stein erstarren.
Nicolas Chamfort

Liebe Crumb-Bunny,
ich habe alle Ärzte und Schwestern gebeten, etwas in Dein Hoffnungsbuch zu schreiben, was Du lesen kannst, wenn Du erwachsen wirst. Dich als Erwachsene vor sich zu sehen – Crumb-Bunny im Brautkleid statt im Totenhemd – erfordert einen großen Sprung vorwärts im Glauben. In den vergangenen Jahren war der Glaube kein nennenswerter Bestandteil der medizinischen Tradition.

Während sie nach den richtigen Worten suchten, die sie in Dein Hoffnungsbuch schreiben könnten, begann sich die Atmosphäre auf der Station langsam zu verändern. Ich bemerkte einen kaum merkbaren, aber hoffnungsvollen Fortschritt auch bei den Eintragungen in Dein Krankenblatt. Ärzte und Schwestern schlossen sich unserer Verschwörung an, der gewagten Hoffnung, dem unerhörten Gedanken, daß Du überleben könntest. Und sie wollten nicht, daß ihre Hoffnung enttäuscht würde.

Als ich noch klein war, sagte man von hübschen kleinen Mädchen, sie würden später, wenn sie groß wären, die Herzen der Männer brechen. Du hast auch manchmal einen solchen Blick, Du kleiner Schelm, aber von Dir sagen sie: „Wenn sie n i c h t groß wird, bricht es mir das Herz."
Ich kenne viele Erwachsene, die sich gegen alles verschließen, was ihnen das Herz brechen könnte. Deine Mutter, mein Kind, gehört nicht dazu. Für ein Kind, sei es nun ihr eigenes oder das anderer Leute, wird sie immer ein Risiko eingehen.

Von Deiner Mutter geht etwas so Liebenswertes aus, und ich hoffe, Du hast es geerbt. So krank Du auch bist und so traurig Deine eigene Familiengeschichte bislang auch war – sie hat sich immer um alle Kinder gekümmert, die zu uns in die Klinik kommen. Die

Haltung Deiner Mutter erinnert mich an einen Spruch, den ich vor vielen Jahren gehört habe: „Mein Herz soll brechen an allem, was das Herz Gottes bricht."[1]

Vielleicht hatte mein erster Mentor in der Kinderheilkunde recht. Ständig mit leidenden Kindern zu tun zu haben, ist ein gefährliches Unterfangen. Wenn Kinder starben, schien auch mein Glaube dahinzusiechen. Weil ich lernen wollte, mit dem Schmerz umzugehen, suchte ich den Rat eines Professors für Innere Medizin.

Er tat sein Bestes, um Studenten zu beraten, während er mit uns unsere Fälle besprach. Er riet uns, nicht auf unsere Gefühle zu hören, wenn wir unseren Patienten zuhören. Wir sollten einfach unsere Arbeit tun und uns auf sie konzentrieren. Harte Arbeit ist ein gutes Mittel gegen ungezähmte und unangenehme Gefühle. Arbeit gab es genug und damit reichlich Gelegenheit, seine Gedanken auf anderes zu richten als auf das gefährliche Gebiet der Emotionen.

Aber es ist ein entscheidender Unterschied, ob man die schmerzhaften Gefühle für den Augenblick zurückstellt oder ob man leugnet, daß sie jemals von Bedeutung waren. Dieser Professor versuchte nie, diese Unterscheidung zu treffen, obwohl er gewiß Anteil zu nehmen versuchte, so gut er es vermochte. Für Gefühle waren Sozialarbeiter zuständig, dachte er, und nicht Ärzte.

Empathie, Einfühlungsvermögen, das sich die meisten Patienten von ihren Ärzten wünschen, wird definiert als „Bereitschaft und Fähigkeit, sich in die Einstellung anderer Menschen *einzufühlen.*"[2] Für mich war der Versuch, das Einfühlungsvermögen zu verleugnen, ein Verlust nicht nur für meine Patienten. Für mich stellte es den Unterschied zwischen geistlichem Leben und Tod dar.

Wahres Einfühlungsvermögen liegt auf einer Ebene mit den tiefgreifendsten Fragen des Lebens. Aber nur wenn wir die Gefühle eines anderen teilen, können wir verstehen, wie wichtig die Hoffnung ist. Ohne Hoffnung können wir nicht leben. Ohne Hoffnung sind wir schon tot. Natürlich kann man sich auch eine Arbeit suchen, die einen von leidenden Kindern überhaupt ganz fernhält. Wo steht denn geschrieben, man solle Masochist sein?

Ich lernte zu arbeiten, ohne von meinen Gefühlen überwältigt zu werden. Aber jedesmal, wenn ich in Betracht zog, einen „sicheren"

Kurs einzuschlagen, um mich von dieser Begegnung mit dem Leiden von Kindern zurückzuziehen, führte der Weg auch von den lohnendsten Bereichen der Medizin fort. Das Geheimnis barg noch weitere Rätsel in sich.

Als Assistentin hatte ich einen kleinen Patienten mit Leukämie, der sehr wahrscheinlich sterben würde. Wenn er schon sterben muß, dachte ich, laß es wenigstens friedlich geschehen.

Ein Onkologe kam mit einem neuen Medikament an, das sich eigentlich noch im Erprobungsstadium befand. Vincristin würde meinen Patienten vermutlich nicht heilen, aber gewiß würden ihm davon die Haare ausfallen. Ich wunderte mich über diese merkwürdige Sorte Kinderärzte, die Kindern „Gift" gaben. Wir, Studenten und Assistenzärzte, kritisierten solche „Unholde" hinter ihrem Rücken. Andererseits schienen sie die einzigen Ärzte zu sein, die wir noch nach Mitternacht antrafen. Ihre Patienten und deren Eltern behandelten sie wie Familienmitglieder, ja schienen sie sogar zu lieben. Durch ihre Worte und ihre Krankenberichte schienen sie Hoffnung zu verbreiten. An ihrem Job muß etwas sein, dachte ich, was wir jüngeren Kinderärzte noch nicht verstanden.

Dieser Bereich der Blut- und Krebserkrankungen zog mich am meisten an, obwohl er mich am ehesten dem Leiden und Sterben von Kindern auszusetzen drohte. Mitleid mit verlassenen Babys war eine Sache, aber hier war ein Land, wo der Tod daheim zu sein schien. Man muß bedenken, daß vor einem Vierteljahrhundert wenige Kinder diese Behandlung überlebten. Es widerspricht jeglicher Logik, daß ich mich schließlich dafür entschied.

Ich befaßte mich mit diesem Spezialgebiet in der Absicht, im Labor zu arbeiten, wo ich sicher war vor Haarausfall und vor Tränen. Ich redete mir außerdem ein, daß ich an diesem Platz wahrscheinlich am ehesten eine Lösung für das Rätsel dieser Krankheit finden würde. Es war eine Art von Hoffnung, die ein Wissenschaftler verstehen konnte. Als ich Kind war, rettete die Wissenschaft Kinder vor der Kinderlähmung. Nun könnte sich die Wissenschaft der nächsten großen Plage widmen: dem Krebs.

Aber die Wissenschaft versagte regelmäßig. Ich war nahe daran, in einem Meer bösartiger Wenns zu versinken. Wenn ich gescheiter wäre. Wenn ich nur einen Artikel mehr gelesen hätte. Wenn ich ein paar Stunden länger aufgeblieben wäre. Um nicht unterzugehen, schwamm ich zurück in die Sicherheit des Labors. Wenn ich direkt mit den Kindern arbeitete, tat ich mein Bestes, in dem sicheren Wissen, daß ich meinen Sicherheitsabstand einhalten konnte. Jemand anders war letztendlich verantwortlich.

Als ganz junge Ärztin konnte ich diesen Abstand wahren, bis eine unerwartete Wende eintrat. Der Kollege aus unserem Fachbereich, der die meiste klinische Arbeit tat, wechselte an eine andere Universität. Aber seine Patienten ließ er zurück.

Zuerst wollte ich einen anderen Arzt für die klinische Arbeit einstellen. Zu meinem Erstaunen stellte ich fest, daß die Arbeit um so leichter wurde, je näher ich den krebskranken Kindern kam. Anstatt meine Kraft aufzuzehren, waren diese Kinder lebenspendend. Die bösartigen Wenns verwandelten sich in einen inneren Frieden. Es war mein Glück, daß ich diese Arbeit bei den Kindern übernehmen mußte.

Die Kinder und ihre Eltern erwarteten keinen Wundertäter. Sie schienen zufrieden zu sein mit einem Weggefährten. Wenn ich mein Bestes gab, war das schon genug. Für sie war wichtig, daß wir zusammen waren. Eine junge Mutter und ihr erstgeborener Sohn hinterließen bei mir einen bleibenden Eindruck. Meine Erinnerung an sie ist so lebendig, daß ich sie zum Vorbild nahm für Sarah in dem Kapitel „Sich dem Berg Morija stellen“[3] in meinem letzten Buch.

Diese junge Familie war es, die mir den Anstoß gab, mich für die häusliche Pflege sterbender Kinder einzusetzen, lange bevor wir in Amerika etwas von Hospizen gehört hatten. Kinder wie ihres zeigten mir ein Fenster zum Himmel, voller Hoffnung, Träume, Visionen und Glauben.

Von dieser Mutter lernte ich, daß es weisere Lehrer gab als die Professoren. Man erkennt sie an den Windelpackungen, die sie mit sich herumtragen. Kurz bevor ihr eigener Sohn starb, erzählte sie von einer anderen Ärztin, die an ihrem eigenen Gefühl der Unzulänglichkeit litt. „Ich wollte ihr sagen, daß sie darüber hinwegkommen würde – es würde einen anderen Patienten geben, für den sie sorgen konnte. Aber natürlich fand ich damals nicht die Worte, ihr das zu sagen.“ Meine Professoren waren nicht halb so weise wie diese Frau.

Heute überleben mehr als die Hälfte der Kinder, bei denen die Diagnose Krebs lautete, ohne den kleinsten Hinweis darauf, daß die Krankheit zurückkehrt. Besonders gut sind die Aussichten für Kinder mit speziellen Arten von Leukämie, bei denen man davon ausgeht, daß 80 Prozent von ihnen einmal ihre eigene Siegerstory erzählen werden. Noch besser steht es um Kinder mit einer einfachen Form von bösartigen Tumoren, sofern sie auf die Niere beschränkt bleiben. Für sie liegt die Heilungsrate bei 100 Prozent. Jedes Jahr werden die Chancen größer. Sogar für Matt.

Matt kam direkt von der Notaufnahme auf unsere Intensivstation. Meine schlimmsten Befürchtungen bewahrheiteten sich, als die Biopsie mit dem Ergebnis Burkitt-Lymphom zurückkam. Dieser Krebs wächst so schnell, daß manche der betroffenen Kinder in den ersten paar Tagen sterben. Die ersten Tage waren nicht sehr angenehm, aber Matts Eltern waren bei ihm. So waren all die Unannehmlichkeiten auszuhalten.

Um ein solches Kind durchzubringen, braucht man viele verschiedene Ärzte und ein Team von Schwestern. Als die Chemo zu wirken begann, kehrte Matts Gesundheit und zugleich sein Lächeln zurück. Er hat das wunderbare Lächeln eines neunjährigen Jungen, das gleichzeitig Übermut und Einsicht signalisiert. Sechs Monate später ist seine Behandlung abgeschlossen. Es sind keine weiteren Burkittschen Zellen zu entdecken.

Matt feiert diese letzte gute Nachricht, indem er an einem Forum für erwachsene ehemalige Krebspatienten teilnimmt und den Teilnehmern eines internationalen Kongresses mitteilt, sie könnten ihm jede beliebige Frage stellen. Keine Frage ist ihm zu schmerzlich, wenn er einem anderen helfen kann. Er ist glücklich, dabei zu sein; seine Eltern bersten vor Stolz. An meinem 25. Jubiläum als Kinderonkologin bin ich ebenso stolz.

Die guten Nachrichten beschränken sich nicht auf Verbesserungen der Behandlungsmethoden. Durch das Zusammensein mit den Kindern fing ich an, wieder selbst nach Gott zu fragen. Ich hörte keine Stimme vom Himmel, aber ich hörte die Stimme der Kinder. Durch ihre Stimmen verstand ich, was Jesus meinte, als er sagte: „Und siehe, ich bin bei euch alle Tage bis an der Welt Ende."[4] Es sind Worte voller Hoffnung.

Ich habe es nie bereut, mich für die Onkologie entschieden zu haben. Es ist mein Privileg, daß ich an drei Jahrzehnten mit einer rasanten Entwicklung im Bereich der Krebsbehandlung teilhaben und meine eigenen kleinen Beiträge zu diesem Erfolg leisten konnte. Aber was mich dabeibleiben läßt, ist nicht der berufliche Erfolg – es sind die Kinder.

Heute abend denke ich zurück an die Schmerzen, die ich vermeiden wollte, indem ich mich vor diesen Kindern zurückzog, und merke, daß der Schmerz viel größer ist, wenn ich diese Kinder meide, statt sie zu umarmen. Die Stimme auf meinem Anrufbeantworter klingt wie ein Echo meines eigenen Herzens, als es vor langer Zeit brach.

Es war schwierig, die ganze Nachricht zu verstehen, weil die zurückgehaltenen Tränen seine Worte unterbrachen. Der Anrufer war ein Mann mittleren Alters, der sich als Pastor im mittleren Westen der USA vorstellte. Er war außer sich. Ein kleines Kind in seiner Gemeinde hatte Krebs, und nichts im theologischen Seminar oder in 28 Dienstjahren hatte ihn auf diese schmerzliche Erfahrung vorbereitet. Nie zuvor hatte er mit einem krebskranken Kind zu tun gehabt.[5]

Als wir uns unterhielten, waren seine Worte nur ein bewegtes Stammeln, aber er schaffte es, mir von der Familie des Kindes zu erzählen. Ihr Hausarzt hatte sie in ein größeres Krebszentrum geschickt. Die Mitarbeiter dieses großen Zentrums bemühten sich sehr. Er bezeichnete sie als Menschen, „in denen das Heilige wohnt". Aber dem Pastor brach es das Herz. Ein Gemeindeglied mußte leiden, und er fühlte sich machtlos. Er schien mehr zu leiden als der Leidende selber.

Ein Pastor weint. Aber die Eltern „fahren auf mit Flügeln wie Adler"; junge Ärzte mit anderen Lebenseinstellungen halten sich selbst für privilegiert, weil sie auf Gedeih und Verderb mit den Kindern verbunden sind. Und Ärzte mittleren Alters, so wie ich, können zurückfinden zum Glauben, wenn sie diesen Kindern zuhören.

Darin liegt das Paradoxe: „Je näher man diesen Kindern kommt, desto geringer wird der Schmerz. Wenn man es zuläßt, daß einem das Herz brechen könnte, kann man es geheilt wiederbekommen."

Isaaks Rückkehr von Morija

Der ist der glücklichste Mensch,
der das Ende seines Lebens
mit dem Anfang in Verbindung setzen kann.
Johann Wolfgang von Goethe

Liebe Crumb-Bunny,
anders als das Patientenprotokoll ist Dein Hoffnungsbuch schön genug für eine Braut. Das geblümte Tagebuch ist Dein Krankenhaus-Gästebuch. Das Buch war meine Idee, aber Deine Mutter schlug vor, das Wort Hoffnung in den Titel zu nehmen. Und meine Liebesbriefe sind eine andere Form von medizinischen Protokollen.

Deine Geschichte, meine Kleine, erinnert mich an eine biblische, an Abraham und Isaak auf ihrem Weg zum Berg Morija. Wie die Bibel berichtet, forderte Gott von diesem Mann des Glaubens, seinen einzigen geliebten Sohn zu opfern. Paulus sagt, Abraham hoffte wider jede Hoffnung, daß Isaak überleben würde.

Du wirst schon gemerkt haben, daß Deine Eltern Menschen sind, die aus dem Glauben leben. Aber würden sie einfach Dein Leben aufs Spiel setzen, wenn sie nicht auf Gott vertrauten? Die meisten Eltern finden, daß der Vergleich mit dem Berg Morija nicht ganz passend ist. Aber wenige Eltern, denen ich als Ärztin begegne, haben die Wahl. Die meisten sehen sich selbst schon oben auf dem Berg, wo sie unter Druck entscheiden müssen. Der Abraham und die Sarah, zu denen Du gehörst, kennen das ganze Geschehen bis zum Schluß.

Solange Du krank warst, fiel die Entscheidung für die Chemotherapie leicht. Für vernünftige Eltern gab es keine andere Wahl. Sie machten einen Termin aus, an dem sie Dich hierher brachten und unterschrieben ihre Einverständniserklärung für den Einsatz noch stärkerer Medikamente, die Dein eigenes Knochenmark zerstören sollten. Das ist hart, sogar für Ärzte – wieviel mehr für Eltern.

Die Behandlung, durch die Dein eigenes Knochenmark zerstört wurde, begann einige Tage vor Schwester Hannes Abflug nach

London. Was, wenn die Spenderin es sich anders überlegt hatte und abgesprungen war? Was, wenn Schwester Hanne stolperte und den Behälter mit dem Knochenmark fallenließe?

Deine Eltern hoffen wider alle Hoffnung. Ihre Kraft und ihren Frieden finden sie in dem Glauben an Gottes liebende Sorge um Dich.

In *Fenster in den Himmel* habe ich die Not solcher Eltern mit der Situation von Abraham, Sarah und Isaak auf dem Berg Morija verglichen. Die Mehrheit der Kinder, von denen ich in diesem Buch schreibe, kehrte nicht vom Berg zurück. Dieses Buch hat einen anderen Schwerpunkt; mein metaphorischer Isaak wird also zurückkommen.

Zuerst durchbrechen ein paar herabrollende Felsbröckchen die Stille, dann läßt sich die klare Stimme eines kleinen Jungen vernehmen, der den Hügel hinunterrennt. Hinter ihm her hört man Sarah rufen: „Isaak! Lauf nicht so schnell. Du warst einen ganzen Monat lang nicht auf den Beinen. Isaak! Wo bist du?“ Sein Gesicht ist vor Aufregung gerötet, als er auf mich zurennt. „Dr. Di, haben Sie gesehen, was auf dem Berg los war? Phantastisch! Mann, hab ich einen Hunger. Ich könnte einen ganzen Ochsen verdrücken. Haben Sie ein paar Erdnußbutterkräcker? Phantastisch!“

Sarah und Abraham erreichen den Fuß des Berges, nicken mir kurz zu und machen sich auf den Weg nach Hause. Es gibt sonst nichts zu sagen. Ihr Isaak ist in Sicherheit.

Isaak liegt behaglich im Bett, um sich eine ganze Herde von Kuscheltieren, und schnarcht leise. Sarah sitzt auf der Bettkante und fährt ihm mit den Fingern durch das krause Haar. Vor der Chemotherapie war es glatt, aber jetzt hat er diese hübschen Locken.

Diese erste Etappe nennen wir den „Chemo-Schnitt“. Im Sommer bleicht dieser Chemo-Schnitt an den Spitzen aus. Man muß sich richtig beherrschen, nicht mit den Händen durch den dicken Pelz zu fahren, der allmählich wieder den kahlen Kopf bedeckt.

Kleine Jungen verdrehen die Augen, wenn Mütter und Ärzte dieser Versuchung der Berührung nicht widerstehen können. In dieser Hinsicht sind wir gerne schwach. Als das Kind eingeschlafen ist, schwindet Sarahs niemals ernsthaft gefaßter Vorsatz dahin. Ihre Finger durchpflügen die dichte, prächtige Mähne – ein Symbol der Hoffnung.

Abraham setzt sich auf die andere Seite, und sie beobachten, wie Isaak seufzt. Im Schlaf umarmt er den Teddybär, den er nach seiner letzten Knochenmarkspunktion bekommen hat. Einer für jede Knochenmarkspunktion, ein anderer für jede Lumbalpunktion – so schläft Isaak in einem ganzen Zoo von Kuscheltieren. Wenn Isaak auf die Uni kommt, wird Sarah den Teddy und die anderen Tiere zu sich ins Zimmer nehmen, bevor Isaak sie in einem Anfall von pubertärem Machoverhalten wegwirft.

Im Ehebett halten sich Abraham und Sarah eng umschlungen, um alles abzuwehren, was nicht sie selbst sind und nicht zu ihnen gehört, und lassen den Tränen freien Lauf. Tränen der Erleichterung, Sturzbäche unterdrückter Wut, Ströme der Freude, weil sie zurückgekehrt sind vom Berg Morija – als ganze Familie. Dann wird ihre Umarmung lockerer; in ihr Gebet schließen sie andere Familien ein. Vor allem beten sie für Isaak: daß ihm immer bewußt bleibt, daß er in Gottes Augen ein ganz besonderer Mensch ist. Dann schlafen sie ein.

Sarah und Abraham werden nie vergessen, wo sie gewesen sind und was geschehen ist. Isaaks Erinnerung wird womöglich verblassen, wenn er größer wird.

Woody, ein lebhaftes Kind, erkrankte kurz vor seinem dritten Geburtstag an Leukämie. Ohne Anleitung von unserer Seite verfiel er in eine Art Selbsthypnose, durch die er die Schmerzen von Knochenmarks- und Lumbalpunktion ausschaltete. Ich zog die Handschuhe an, und er schnarchte. Er hat nie etwas gespürt.

Als reifer Mann von fünf Jahren hatte er alles vergessen und verstand nicht, wovon wir redeten, wenn wir ihn daran erinnern wollten. Unser Sozialarbeiter dachte, Wiegenlieder wären der geeignete Trick, damit er sich entspannte. Ein empörtes Vorschulkind hörte argwöhnisch zu und zischte dann: „Ich will kein Wiegenlied. Ich will Mozart!“ Die nächsten zwei Jahre führte ich seine Knochenmarksbehandlung zu „Eine kleine Nachtmusik“ durch. Wieder spürte er nichts.

Nun ist er ein Greis von zwölf. Als ich ihm erklärte, es sei nötig, wieder eine Knochenmarkspunktion vorzunehmen, stöhnte er nur. Er schüttelt nur noch den Kopf. „Sie erzählen mir dauernd, ich hätte mich selbst in Schlaf versetzt und die Knochenmarksbehandlungen mit Musik von Mozart überstanden. Daran kann ich mich überhaupt nicht mehr erinnern.“ Seine Eltern und ich werden uns immer daran erinnern und wünschten, er könnte das auch.

In dem Land Sigmund Freuds erzählte ich diese Geschichte anderen Kinderärzten. Die Mitglieder der österreichischen Kinderheilkunde-Gesellschaft waren weniger beeindruckt von dem, was ich über Schmerzbehandlung sagen wollte, als von der Botschaft über die Musik. In Amerika lebt ein Kind, das lieber Mozart hört als Wiegenlieder!

Neulich hörte ich von einem Dreijährigen, der unbedingt mit seinem neugeborenen Bruder allein sein wollte. „Ich möchte mit dem Baby allein sein“, beharrte er. Man kann nur erahnen, welche beunruhigenden Gedanken über Geschwisterrivalität den Eltern durch den Kopf gingen, als sie seine einfache, aber bedeutungsschwere Forderung hörten.

Das Kind blieb aber so ernsthaft dabei, daß sie ihn schließlich mit dem schlafenden Brüderchen allein ließen. Mit einer Art von ehrfürchtiger Scheu berührte er das schlafende Baby und sagte ruhig: „Du mußt mir von Gott erzählen. Ich fange schon an, alles zu vergessen.“

Ihre Lehrer sind nicht die Eltern, Pfarrer oder Religionslehrer. Ganz kleine Kinder besitzen diese religiöse Vorstellungskraft ganz intuitiv, eine Ahnung von geistlichen Ursprüngen. Später ist es, als ob sich ein Schleier über diese Ursprünglichkeit herabsenkt, der einen Pilger zurückläßt – immer auf der Suche danach, wie sich die Verbindung wiederherstellen läßt. Wir älteren Pilger müssen andere suchen, die die Geschichte kennen und sie uns erzählen können, wenn wir lernen wollen, was Hoffnung ist.

Manchmal, im Angesicht des Todes, scheint sich der Schleier etwas zu lüften und erahnen zu lassen, was dahinter liegt – Visionen von Engeln, von Jesus, vom Himmel. Die meisten von uns sind

Pilger, unterwegs mit einem Déjà-vu-Gefühl, die tastend den Weg zurück zu Gott suchen.

In ihrem Buch *Licht im Vorhof der Hölle* erzählt Jackie Pullinger eine ungewöhnliche Geschichte von einem vierjährigen chinesischen Jungen, den man nach einem Badeunfall für tot erklärt hatte.[1]

Aber das Kind wachte wieder auf und erzählte der Mutter, ein Mann habe die Hand ausgestreckt und ihn aus dem Wasser gezogen. Die Mutter fragte ihn, ob er den Namen des Mannes wisse, weil sie annahm, es wäre der Direktor der Schule gewesen, in deren Nähe der Unfall passierte. „Weißt du das nicht?“ entgegnete der Junge. „Es ist Jesus.“

Diese Familie war vom chinesischen Festland nach Taiwan geflohen und hatte nie Kontakt zu Christen gehabt. Seine Mutter, die den Namen Jesus nie zuvor gehört hatte, wurde aufgrund dieser Erfahrung Christin.

Aber das Ungewöhnlichste an dieser Geschichte ist die weitere Entwicklung des Jungen. Die Mutter war durch seine Vision Christin geworden; er selbst wurde zum Drogendealer. Jackie Pullinger begegnete ihm in einem Gefängnis in Hong Kong. Trotz seiner frühen „inspirierenden“ Erfahrung mußte er als Erwachsener erst ganz ans Ende kommen, bevor sein Leben sich in geistlicher Hinsicht änderte.

Auch Menschen, die als Kinder beinahe tödlich verlaufende Krankheiten überlebten, haben nicht mehr als wir anderen die Gewähr, ihre Glaubensgewißheit zu behalten. Isaak mag zwar kräftiger und gesünder als zuvor von Morija zurückgekehrt sein, aber auch er muß sich selbst für den Glauben entscheiden. Der erwachsene Isaak muß selbst seine Glaubenserfahrungen machen, damit der Bund gefestigt werden kann.

Gegen alle Wahrscheinlichkeit

Es gibt kein Licht, das nur sich selber leuchtet.
Ein jedes Glück erhellt die Welt.

Hans Margolius

Liebe Crumb-Bunny,
Du spähst durch die Plastikschichten, die uns voneinander trennen, bis du mich entdeckst. Dann lächelst Du und winkst mir mit der geschlossenen Faust zu, und dabei bestaunst du deine Fingerchen, so wie Du immer winkst. Es muß ein interessantes Geheimnis sein, das da in der Innenfläche Deiner Hand eingegraben ist – Du willst es noch mit keinem teilen. Ob Du jemals so winken wirst, wie andere Babys es tun?

Ich lasse mich nicht auf Wetten ein, Kleine, aber ich will Dir etwas erzählen. Die meisten Ärzte werden diesen Monat nicht auf Dich setzen. Du bist das, was man hier als riskante Wette bezeichnet. Die Fernsehjournalisten beknieten Dr. Joel, er solle vor laufender Kamera seine Einschätzung abgeben, wie Deine Chancen stehen. Zögernd sagte er: „50 : 50.“ Es liegt an uns, wie wir diese Chancen bewerten wollen. Man kann ein Glas als halb leer oder als halb voll bezeichnen.

Vor einem Jahr noch standen Deine Chancen eher bei Null, aber nun bist Du schon so viel weiter. Ich mag die Welt der Statistik nicht besonders. Du bist eine Prinzessin, kein Rennpferd. Wenn Joel Dich anschaut, meint er Dich zu hundert Prozent. In diesen Tagen widmet er Dir sicherlich auch hundert Prozent seiner Zeit.

Was willst Du einmal werden, außer Prinzessin und Oma? Ich denke immer daran, daß Du überlebst und Deine Träume verwirklichen kannst. Trotz Deiner tödlichen Krankheit habe ich in Dir immer einen lebendigen Menschen gesehen. Du bist genau wie ich; wir unterscheiden uns in nichts. Eines Tages wirst Du sterben; eines Tages werde ich sterben. Selbst hier unterscheiden wir uns nicht.

Also, mein Liebes, was willst Du später einmal werden? Die meisten meiner Patienten wollen Arzt werden; sie spielen mit Stethoskopen wie mit einem Spielzeug und bitten uns um die größten Spritzen, die wir auftreiben können. Daraus machen sie erstklassige Spritzpistolen. Ihre Puppen haben alle Hickman-Katheter unter den Kleidern oder IV-Kanülen auf den Armen kleben. Ihr schaut uns zu und verwandelt unsere medizinischen Geheimnisse in Euer Spiel.

Ich glaube, wenn Ihr an unsere Stelle tretet, werdet Ihr bessere Ärzte sein als die meisten von uns. Ihr habt mit Sicherheit ein Herz für Menschen. Was nehmt Ihr von uns mit über Leben und Tod? Was habt Ihr Kinder Euren Ärzten zu bieten, damit wir unsere eigene Angst vor dem Tod überwinden?

Als ich Medizin studierte, überlebten nur wenige Kinder mit Krebs, und das Wort „Heilung“ kam in unseren Diskussionen über Leukämie nicht vor. Ich habe früh gelernt, mich nicht auf Zahlenspiele einzulassen.

Als Assistenzärztin hatte ich Angst davor, ich müsse ein krebskrankes Kind auf meine Station aufnehmen, und machte mir Gedanken, was ich dann sagen sollte. Selbst als junge Wissenschaftlerin mied ich Statistiken, wenn es um Prognosen ging. Bis vor kurzem verlief Crumb-Bunnys Krankheit in hundert Prozent aller Fälle tödlich, in vielen Krankenhäusern ist das noch heute der Fall.

Jetzt genieße ich das Privileg, in meinem Arbeitszimmer viele Menschen begrüßen zu dürfen, die einmal Krebs hatten, aber heute zu den „Langzeit-Überlebenden“ gehören, wie wir sie nennen. Ihre Behandlung ist abgeschlossen und sie leben weiter. Zu der Zeit, als viele von ihnen krank wurden, waren die Statistiken nicht gerade vielversprechend. Aber nun sind sie hier, zu hundert Prozent. Ich lade sie jedes Jahr zu einem Termin ein, solange, bis sie mich „feuern“ wollen und lieber zu einem Internisten gehen. Die meisten von ihnen bleiben, es sei denn, sie ziehen aus der Gegend weg.

Neulich hatten wir ein solches Treffen von Langzeit-Überlebenden in meiner Klinik. In diesem Jahr war eine ganze Menge dabei, die gerade ihr erstes Uni-Semester begonnen haben und ihr Leben ausgiebig genießen. Diese jungen Leute sind schnell mit den jüngeren Neuankömmlingen vertraut und spielen großer Bruder oder große Schwester. Sie sind lebendige Beispiele für die Kraft der Hoffnung.

Der Chemo-Raum, den sie einst so fürchteten, hat keine Macht mehr über sie. Jetzt sind sie nicht mehr diejenigen, die an Schläuchen hängen, wenn sie lieber in die Schule gehen würden. Aber es war ein solcher Raum, in dem sie zu Überlebenden wurden. Wenn sie anderen helfen können, die gerade erst am Anfang sind, werden sie es ganz bestimmt tun. Wenn es einem anderen nützt, überwinden sie ihre alten Ängste und überqueren die Schwelle, bei der sie früher einen bitteren Geschmack im Mund bekamen.

Als ich meinen vorigen Lehrauftrag an der Universität aufgab, um nach Yale zu kommen, gab ich meiner letzten Konferenz dort das Thema: „Krebs bei Kindern: Hoffnung gegen alle Wahrscheinlichkeit". Drei meiner Langzeit-Überlebenden nahmen an dieser Lehrveranstaltung teil. Die Aussichten, daß sie nun noch lebten, waren einmal gleich Null gewesen. Alle Krebsarten, die sie gehabt hatten, hatten etwas besonders Tückisches, so daß es am Anfang hieß, sie hätten keinerlei Chance. All diese Kinder überlebten den Krebs und hatten schon jahrelang keine Therapie mehr gebraucht, als sie mit mir auf dem Podium saßen.

Ein Jahrzehnt später wurde ich durch einen Anruf zu meinem Geburtstag an diese Konferenz erinnert. Obwohl ich den Anrufer zehn Jahre lang nicht gesehen hatte, war seine Stimme unverkennbar. Wie könnte ich die Stimme des ersten Leukämie-Patienten vergessen, dem ich sagen konnte, daß er gesund war?!

Er war auch mein erster Langzeit-Überlebender, der selbst Vater wurde und mir „Enkelkinder" bescherte, auf die ich stolz sein konnte.

Freddie bekam als Teenager Leukämie. Jetzt ist er vierzig und Bergmann. In seiner Heimatstadt waren die Zechen die einzigen Arbeitgeber, die jemandem, der einmal eine bösartige Krankheit gehabt hatte, Krankengeld gewährten. Freddie war realistisch und verliebt. Er wollte seine junge Familie nicht gefährden.

Als Freddie an Leukämie erkrankte, versuchte sein Vater anfangs, ihm zu verbergen, was er hatte; er bestritt ihm gegenüber sogar ausdrücklich, daß es Leukämie sei. Freddie rebellierte, indem er seine Medikamente nicht nahm. Als er mir das gestand, erzählte er mir, daß es sein Vater ja nur gut meinte. Aber die Art und Weise, wie er versuchte, mit der Situation fertigzuwerden, war nicht besonders hilfreich für Freddie.

Ich dachte, diese Botschaft sei so wichtig, daß man sie anderen Eltern vermitteln sollte. Ich wollte ein Interview auf Video aufnehmen lassen. Wie es sich ergab, kam der Termin nicht zustande, bis Freddies Vater starb und Freddies erstes Kind geboren wurde. Ich konnte das Band nie zu seinem eigentlichen Zweck nutzen.

Bei der Aufnahme hörte ich, daß Eltern immer wissen, was das Beste für ihre Kinder ist; Eltern haben immer recht. Teenager wissen nicht, wovon sie reden; sie sollten gehorsam und dankbar sein. Jetzt, da Freddies eigene Kinder Teenager sind, frage ich mich, welche Gefühle ihn bewegen, wenn er sich telefonisch an jemanden wendet, der für ihn wichtig war, als er selbst in diesem Alter war.

Seine Kinder, meine ersten „Enkel", sind schon Teenager, und seither sind Dutzende Kinder anderer Patienten auf die Welt gekommen. Mehr als eines heißt Diane. An meinem Geburtstag verlor ich mich in den Einzelheiten jener Konferenzen und genoß diesen Vorwand, in Erinnerungen zu schwelgen.

Harold war gerade drei, als er die Hodgkinsche Krankheit bekam. Er mußte sehr oft zur Behandlung kommen. Seine Eltern willigten ein, ein brandneues Medikament als Teil eines Forschungsversuchs auszuprobieren. Dieses Medikament, das noch in der Erprobung war, hatte so ziemlich denselben Status wie damals Vincristin, als ich Medizinabsolventin war; es war ungetestet und man kannte nicht alle Nebenwirkungen. Wir hatten nichts anderes anzubieten. Diesmal war ich der „Unhold", und die Studenten und jüngeren Ärzte fragten sich, ob ich noch bei Verstand war.

Harolds Symptome klangen nicht nur dauerhaft ab; seit zwanzig Jahren lebt er schon ohne die Krankheit. Das Mittel, das er erhielt – eine neue Arznei aus Italien namens Adriamycin –, erwies sich als eines der bedeutendsten Arzneimittel in der Geschichte der Chemotherapie. Damals konnten wir das noch nicht wissen. Vor ein paar

Jahren rief mich Harolds Mutter an, um mir zu sagen: „Ich liebe Sie einfach."

John war drei, als sich aus einem Lebertumor Lungenmetastasen entwickelten. Er bekam schon die beste Chemotherapie, die wir kannten. Wenn ich mir die Einleitung zu meinem Konferenzvortrag damals heute durchlese, finde ich es fast ironisch:

„Stellen Sie sich bitte einmal vor, Sie wären die Eltern eines süßen dreijährigen Mädchens. Ihre Tochter ist nicht mehr sie selbst. Sie kommt Ihnen müde und blaß vor, also gehen Sie mit ihr zum Arzt . . . Nach einer angstvoll durchgestandenen Wartezeit kommt das Urteil aus dem Labor. Ihr Arzt erklärt Ihnen, daß die Krankheit, an der Ihre Tochter leidet, nicht heilbar ist, daß aber Arzneimittel zur Verfügung stehen, auf die 90 bis 100 Prozent der Kinder mit ähnlichen Leiden ansprechen. Wenn die Krankheit allerdings abklingt, müsse man die medikamentöse Behandlung fortsetzen, da die Krankheit sonst wieder durchbricht.

Die Behandlung ist nicht ohne Nebenwirkungen. Die Chancen stehen heute besser als je zuvor, sagt man Ihnen, daß Ihre Tochter einmal erwachsen wird. Wird sie jedoch schwanger, werden es Risikoschwangerschaften sein; sehr wahrscheinlich kommt es zu Fehlgeburten, und eine ganze Reihe von Kindern ähnlich behandelter Mütter hat, wie man liest, Mißbildungen.

Sie als Eltern werden sich fragen, was passieren wird, wenn keine Behandlung erfolgt. Spontan-Remissionen sind selten, sagt man Ihnen, und ohne Behandlung wird Ihre Tocher sehr wahrscheinlich sterben. Wie werden Sie entscheiden? Wie würden Sie die Aussichten für die Lebensqualität Ihres Kindes bewerten? Warum sollte man ihr nicht erlauben, sich jetzt davonzuschleichen, anstatt das Risiko einer toxischen Behandlung einer ‚unheilbaren' Krankheit auf sich zu nehmen, durch die der Tod wahrscheinlich nur ein wenig hinausgeschoben wird?"

Der Radiologe, der sich die Aufnahmen von John anschaute, starrte mich an, als er den weißen Schatten auf schwarzem Grund sah. Es stand außer Zweifel, daß das ein Tumor war. Er vermutete, ich würde das Kind zum Sterben nach Hause schicken, und war empört, als er hörte, was ich vorhatte.

„Was soll das heißen, Sie geben ihm noch mehr Chemotherapie und Strahlentherapie? Er ist erst drei Jahre alt und für ihn gibt es keine Hoffnung mehr.“ Johns Behandlung wurde vor zwanzig Jahren abgeschlossen. Er möchte Medizin studieren, und seine Mutter droht, ihn bei mir unterzubringen, um die Kosten niedrig zu halten.

Der Rest meiner Einleitung verstärkt die Ironie noch, weil sie die Zuhörer auffordert, sich vorzustellen, wie sie sich entscheiden würden.

„Würde es Ihre Entscheidung (für oder gegen eine Behandlung) beeinflußen, wenn das Kind, das ich Ihnen beschrieben habe, nicht Krebs, sondern Diabetes hätte? Die erste Schlacht im Kampf gegen den Krebs ist gegen unsere eigene Einstellung zu führen.“

John wurde zwar von Krebs geheilt, wurde aber tragischerweise später Diabetiker. Er fühlt sich viel mehr von Insulin beeinträchtigt als früher von der Krebs-Chemotherapie, viel stärker in seinem Lebensstil eingeengt, und ein Ende dieser neuen „Chemotherapie“ ist nicht in Sicht.

Für jede Gruppe neuer Studenten, die in Yale Kinderheilkunde belegen, halte ich eine Vorlesung über Langzeit-Überlebende. Ich kann an ihren Gesichtern ablesen, daß die meisten eher an die geringen Aussichten denken, daß jemand durchkommt, als den süßen Geschmack einzelner Siege genießen zu wollen. „Das ist ja ganz nett, aber wie repräsentativ ist dieser Fall?“ Doch nicht alle denken so. Ich beobachte ihre Gesichter und kann in ihren Reihen einen speziellen Typ von jungen Leuten ausmachen. Ihre Mitstudenten werden keinen Unterschied feststellen – aber ich kann während der Vorlesung einen Langzeit-Überlebenden von Krebs im Kindesalter innerhalb von fünf Minuten ausfindig machen.

Mit gesenktem Kopf saß ein Student der Universität Yale in meinem Arbeitszimmer. Jays Onkel hatte mich angerufen und gefragt, ob ich mit seinem Neffen reden könnte. Nachdem die Krebsbehandlung des Jungen abgeschlossen war, hatten seine Eltern nie wieder von dieser Erfahrung gesprochen. Das Kind wuchs mit dem Gefühl auf, daß es ein Familiengeheimnis gab, daß er das Brandzeichen des Überlebenden immer im Verborgenen tragen müsse.

Auf der Uni belegte er einen Kurs über Holocaust-Literatur, den Elie Wiesel hielt, und fragte sich nun: „Warum war das so wichtig für mich?“ Es gab Zeiten, in denen Jay versuchte, seine Eltern zu fragen, aber sie wechselten immer das Thema. „Warum werde ich durchrasseln“, fragte er mich, ohne eine Antwort abzuwarten. „Gott weiß, daß ich Arzt werden möchte, mehr als alles in der Welt. Aber jedesmal, wenn ich in den Biologiesaal komme, rast mein Puls und die Hände werden mir klamm.“

Eine qualvolle Stunde lang schüttete er mir sein junges, aber schon so schweres Herz aus. Als er schließlich aufstand, hatte er Tränen in den Augen. „Sie sind die beste Ärztin, bei der ich jemals war“, sagte er. „Niemand hat mir je so geholfen. Wie kann ich Ihnen danken?“ Ich hatte die ganze Zeit überhaupt nichts gesagt. Ich hatte ihm nur zugehört.

Jay sprach davon, daß er „für eine bestimmte Aufgabe gerettet worden sei“ und „vom Tod ins Leben gefunden“ habe. Seltsame Worte für einen jungen Mann, dessen Familie im eigentlichen Sinne des Wortes überhaupt nicht religiös war. Er verließ mein Büro, ohne sich nochmal umzudrehen. Ein Jahr lang hörte ich nichts von ihm, dann stand er wieder in der Tür.

Diesmal gab es keine Tränen, und er schaute mir direkt in die Augen. „Als ich hier wegging, wußte ich, was ich zu tun hatte. Ich nahm mir vor, nicht eher zurückzukommen, bis es abgeschlossen wäre. Ich ging zurück in die Klinik, wo ich behandelt worden war, und fragte, warum man dort meine Probleme nie vorausgesehen und mich entsprechend beraten hatte. Ich muß ihnen die Antwort hoch anrechnen.“

Die Ärzte und Betreuer hatten ihm gesagt, daß sie aus ihren Fehlern gelernt hätten, und luden ihn ein, im Sommer mit ihnen zusammen andere Überlebende zu interviewen. „Tragen Sie dazu bei, eine Lösung zu finden, Jay.“

Er traf seine Entscheidung. Heute ist Jay selber Onkologe und sagt selbst anderen Krebspatienten, daß sie überleben müssen, weil sie eine Aufgabe wahrzunehmen haben.

Kleine Michelangelos

Wie sie dann zusammen loslegten, David und Jahwe,
und so voller Leidenschaft vor der Bundeslade herumwirbelten,
daß sie voneinander Feuer fingen und dann als vereinte Flamme
voll von Glanz emporloderten . . .

Frederick Buechner

Liebe Crumb-Bunny,
ich sehe Dich so gern in Deinem Bettchen spielen, wenn ich bei Dir Visite mache. Du schaust kurz von Deiner Beschäftigung auf und erinnerst mich daran, daß Deine Arbeit genauso ernstzunehmen ist wie meine – das wissen wir beide.

Ich mache meine Pausen, und Du tust es auch. Du wolltest singenden und tanzenden Kindern zuschauen; also bliebst Du stehen und zeigtest auf den Fernseher. Zuschauen bedeutet für Dich, daß Du alles im Griff hast, vor dem Videogerät herumkletterst und daran herumschaltest, selbst wenn Du am Tropf hängst.

Papa hatte Dich auf den Nachttisch gehoben, so daß Du Befehle erteilen konntest. Was Du nicht selbst schaffst, hast Du Deinen bereitwilligen Dienern übertragen. Weder meine noch Papas Arbeit ist wichtiger als diese Momente, in denen wir Deine Dienstboten sind.

Du bist wie der kleine David, der vor dem Riesen Goliath steht. Ich glaube, es käme Dir niemals in den Sinn, es könnte Dich etwas davon abhalten, Dein Ziel zu erreichen.

Im vergangenen Jahr waren die Augen Deiner Eltern nur auf ein einziges Ziel gerichtet. Es gab viele mögliche Hindernisse auf ihrem Weg, aber die haben sie nie ernsthaft beachtet; alles, worauf sie sich konzentrierten, war die Knochenmarkstransplantation. Und auf diesem Weg erschlugen sie eine ganze Reihe von Riesen.

Vielleicht könntest Du in Deinen Flitterwochen nach Florenz fahren und Michelangelos große Davidstatue besichtigen. Ihr „Riesen-Töter" solltet euch kennenlernen.

Auf seinen eigenen Wunsch hin besuchte ich einen erwachsenen Patienten in unserer Uniklinik, der durch metastasierenden Krebs ans Bett gefesselt war. Vor Beginn der Behandlung hatte er sehr starke Schmerzen gehabt, die nicht einmal Morphium dämpfen konnte. Dank einer erfolgreichen Chemotherapie waren die Schmerzen unter Kontrolle, aber der Gedanke daran, daß er nun sein Leben lang solche Medikamente nehmen sollte, war ihm unerträglich. Er wußte nicht, wie er damit fertigwerden sollte, und hatte jede Hoffnung verloren.

In einem Moment besonders großer Verzweiflung sagte er sogar: „Ich wünschte, ich könnte dem allen mit einer Spritze ein Ende machen!" Ein Psychiater wurde herbeigerufen, der Besuch durch einen zweiseitigen maschinengeschriebenen Vermerk in der Patientenakte belegt. Seltsamerweise (oder vielleicht doch nicht so seltsam) hatte er den Patienten nicht mit einem Wort nach seinen Gedanken über den Tod gefragt.

Nun hatte dieser Patient mich gebeten, ihn zu besuchen, weil er wissen wollte, wie meine Kinder mit der Situation zurechtkommen. Die Frage half mir, mich auf meine Patienten zu konzentrieren und mir Dinge bewußt zu machen, die ich immer für selbstverständlich hingenommen hatte. „Glauben Sie, daß die Chemotherapie Ihnen hilft?" fragte ich.

„Oh sicher!" entgegnete er. „Als Sie damals zum ersten Mal zu mir kamen, konnte ich nicht einmal einen klaren Gedanken fassen. Die Chemo hat mir die Schmerzen genommen. Ich brauche nicht einmal mehr Morphium."

„Sie müssen sich gar nicht jetzt darauf einstellen, daß Sie für den Rest Ihres Lebens diese Chemotherapie brauchen. Diese Vorstellung sollten Sie zuerst aus dem Weg räumen. Es hängt von Ihrer Einstellung ab, was in Ihrem Leben noch geschieht. Glauben Sie, Sie könnten *einen* Chemo-Zyklus durchhalten?" Ein Zyklus waren fünf Behandlungstage und drei Wochen Pause.

Er sah ein wenig erleichtert aus, aber längst noch nicht überzeugt. Während wir uns unterhielten, tröpfelte Infusionsflüssigkeit durch den Schlauch. „Machen wir die Schritte noch kleiner", schlug ich vor. „Kommen Sie *heute* mit der Chemo zurecht?" Er nickte entschieden, weil er daran dachte, daß seine kleine Tochter bald durch die Tür kommen würde. Ihr Besuch war jedesmal der Höhepunkt seines Tages.

„Sehen Sie, so machen es die Kinder. Sie leben im Heute. Immer nur ein Tag. Zerlegen Sie die Behandlung in Zeitabschnitte, von denen Sie wissen, daß Sie damit zurechtkommen, anstatt sich jetzt schon das Ganze auszumalen. Und machen Sie diese Abschnitte nur so groß, daß Ihre Hoffnung dafür gerade ausreicht."

„Ja", sagte er, „so könnte es gehen. Immer nur einen Tag. Ja, das kann ich." In der gleichen Woche traf er seine Entscheidung und blieb ihr treu, Tag für Tag, solange er lebte.

Es gibt eine Geschichte über den großen Bildhauer Michelangelo. Er wurde einmal gefragt, wie er eigentlich sein Meisterwerk, den „David", aus einem riesigen Marmorblock habe schaffen können. Wenn ich mich recht erinnere, lautete seine Antwort etwa so: „Ich sah den David in dem Marmor, und ich meißelte alles weg, was nicht David war." Michelangelo sah nicht die Hindernisse; er sah nur sein Ziel. Die Hindernisse fielen herunter wie Schutt, während er seinen Blick fest auf den David richtete.

Gelegentlich sitze ich in der Pause im Chemoraum und sehe zu, wie die Kinder ihre Art von Bildhauerei betreiben. Und oft erlebe ich, wie ein Kunstwerk zum Vorschein kommt. Die Kinder haben eine ganz andere Sicht der Welt als die Erwachsenen, und sie ist es wert, daß wir sie beachten und berücksichtigen. Ich denke darüber nach, mit welchen Werkzeugen die Kinder ans Werk gehen, und frage mich, was wir als Erwachsene übernehmen und übertragen können.

Ihre Hindernisse unterscheiden sich noch nicht einmal so sehr von unseren. Sie haben Schmerzen und Ängste wie wir, aber sie tragen sie nicht alleine. Sie hegen und pflegen ihre wichtigen Beziehungen. Kinder erhalten sich ihre lebenswichtigen Verbindungen, indem sie zu erkennen geben, wer sie sind. Hier gibt es kein Theaterspiel, keine Masken („Persona") anstelle von Personen zu sehen. „What you see is what you get" – was man sieht, ist das, was man bekommt. Der Theologe Paul Minear bringt es auf diesen Nenner:

> Denn für ein Kind ist es wichtiger, daß es gekannt wird, als daß es selber kennt. Die Grundlage für sein Vertrauen liegt weniger darin, was es alles über seine Familie weiß, als in der inneren Gewißheit, daß seine Familie es kennt. Das Zeugnis des Psalmisten „Herr, du erforschest mich und kennest mich“ (Psalm 139, 1) drückt diese Gewißheit aus, eine Gewißheit, die ihren Höhepunkt findet in der christlichen Vorstellung, „bekannt“ zu sein, und in der Erwartung, „dann aber werde ich erkennen, wie ich erkannt bin“ (1. Korinther 13, 12).[1]

Kinder können lieben mit einer bedingungslosen „Agape“-Liebe. Ich wünschte, daß Ärzte, die Erwachsene behandeln, in gleichem Maße Zugang zu dieser Liebe hätten, die von Kindern ausgeht. Die Kinder lassen mir diesen besonderen Freiraum, den ich brauche, damit ich der einzigartige Mensch sein kann, der ich bin.

Beziehungen sind für Kinder so wichtig, daß sie alles daransetzen, jeden Schaden gleich zu reparieren. Tränen sind ein promptes Signal dafür, daß eine Beziehung in Gefahr ist. Ich mußte Kindern im Lauf der Jahre gewiß schon viel Schmerzhaftes zufügen, aber nie habe ich den Behandlungsraum mit dem Gefühl verlassen, daß der Schmerz den Patienten als bleibende Traurigkeit begleiten würde. – So hilft ein Kind, daß seinem Schmerz Ausdruck verleiht, mir armem, hilflosem, stümperhaftem Erwachsenen. Und ich bin sicher, daß am Ende der Behandlung alles wieder zurechtgerückt ist.

Viel wichtiger als die Frage, was die Kinder von mir halten, ist ihre Liebe zu ihrer Familie. Wenn Kinder sterben, brauchen sie am Sterbebett keine Versöhnungsgesten. Es ist, als sei für sie alles bereinigt. Sie erinnern mich daran, daß ich an jedem Tag alles in Ordnung bringen soll. Sie zeigen mir, daß ich Vergebung ebenso erbitten kann, wie ich sie gewähren soll, wenn ich werden will „wie ein Kind“, um Zugang zum Himmelreich zu finden.

Ihre Meisterwerke (und die Kinder selber) entstehen häufig aus derselben kreativen Vorstellungskraft wie das von Michelangelo. Sie machen Gebrauch von ihren äußeren Fähigkeiten, um eine Geschichte zu erzählen, die sich innen abspielt. Manchmal beobachte ich, wie sie die Geschichte ihrer Krankheit auf eine Weise wiedergeben, die ihnen die Macht verleiht, die Marmorbrocken in ihrem Leben zu bezwingen.

Rusty, ein Achtjähriger, der auf die Achtzig zugeht, stellt sich seine Krankheit vor als einen Berg namens Krebs. Er führt eine multinationale Streitmacht ins Feld, gegen die der Tumor einfach nicht die Oberhand behalten kann. Der Rote Baron und Snoopy sind ebenfalls dabei; sie stehen für die rote Medizin (Adriamycin) und für die Schwester, die seine Schultern massiert, wenn er in der Klinik liegt. Diesmal müssen Snoopy und der Rote Baron als Partner in Rustys Traumteam zusammenarbeiten.

Jeder Abschnitt seiner Behandlung, jeder wichtige Mensch und sogar sein Hund, alle werden in dieser Collage dargestellt. „Mount Krebs“ wird fallen – das steht fest! Stolz präsentiert er mir sein Werk, und ich bemerke, daß er seine Truppe in lebenspendendes Licht getaucht hat. Hier gibt es keine Dunkelheit.

Zwar stimmt es, daß unsere kreativen Fähigkeiten mit zunehmendem Alter geringer werden, – aber auch Erwachsene sind in dieser Hinsicht keine hoffnungslosen Fälle. Wer seine eigenen Fähigkeiten anzweifelt, sollte sich auf die Suche machen nach einem eigenen Rusty. Oder Ronnie. Die werden Ihre ungeübte Hand führen.

Ronnie kam aus einer anderen Kinderklinik zu uns, weil noch ein paar Tests durchgeführt werden mußten, einschließlich einer Knochenmarkspunktion. Mein junger Kollege erfuhr von der Familie, daß ihnen der Glaube sehr viel bedeutete. Er fragte sich, ob ich das nutzen könnte, um dem Kind zu helfen, damit es sich selbst helfen könnte.

Ich beschloß, Ronnies Phantasie zu aktivieren, und schlug vor, er solle sich vorstellen, daß Jesus ins Zimmer kommt und ihm hilft. „Denk an Jesus. Lade ihn ins Zimmer ein. Wenn wir etwas mit dir machen, drückst du Jesus ganz fest. Und stell dir vor, daß Jesus dich dann auch ganz fest in den Arm nimmt.“

Ronnie schaute mich an, als wäre ich nicht ganz bei Trost, und sagte: „Aber Jesus ist doch schon hier.“ Für ihn übersah ich das Offensichtliche. Das Knochenmark ließ sich so gut entnehmen wie nie. Nie zuvor hatte es ein junger Arzt so leicht gehabt.

Ronnie erinnert mich daran, daß alle unsere Beziehungen, die höchsten Leistungen unserer Vorstellungskraft ihre Erfüllung in der Gegenwart Gottes finden; des Gottes, der Mensch geworden ist und als Mensch unter uns lebte. Leanne Payne sagt:

> ... die Gegenwart „des Gottes, der wirklich da ist“, anzuerkennen, ist schon eine Art Gebet, es ist eine Weise, allezeit zu beten, wie die Schrift es uns empfiehlt. Wenn wir das tun, werden die Augen und Ohren unseres Herzens geöffnet, damit wir das Wort empfangen können, das er immer zu uns spricht.[2]

Auch für uns Erwachsene gibt es Hoffnung. Wir können es Michelangelo nachmachen: alles wegmeißeln, bis wir den David freigelegt haben. Wie David können wir vor Jahwe tanzen und „Feuer fangen“. Wie die Kinder können wir „auflodern in einer einzigen Flamme“ von solcher Pracht, daß weder Tod noch Leben noch irgendeine andere Kreatur uns von der Liebe Gottes trennen kann.

Verbündete

Liebe ist kein Solo. Liebe ist ein Duett.
Schwindet sie bei einem, verstummt das Lied.
Adelbert von Chamisso

Liebe Crumb-Bunny,
Dein Zimmer ist das letzte auf dem Flur der Knochenmarkstransplantationsstation, und Du kannst mich nicht sehen, wenn ich hereinkomme. Ich zögere, ziehe Überschuhe an, plaudere mit Besuchern. Du erkennst meine Stimme schon, bevor Du mich sehen kannst. Wenn ich in Dein Blickfeld komme, reckst du Deinen Kopf wie eine kleine Schildkröte, die ihren Hals aus dem Panzer schiebt. Du posierst richtig, hältst Ausschau und machst auf Dich aufmerksam. Darf ich Dir gestehen, wie geschmeichelt ich bin?

Ich sehe, wie Du mich anlächelst, und weiß, daß das nicht nur so ist, weil Du etwas Besonderes für mich bist. Ich weiß, daß ich etwas Besonderes für Dich bin. Wie fange ich es an, meine Beziehung zu Dir zu beschreiben? Ich hab Dich ja genauso gern. Wir kamen zusammen, weil ich Expertin für Deine seltene Krankheit bin. Heute ist uns allen klar, wie wichtig es für Dich war, daß ich Deine Krankheit so gut kenne. Aber über diesen Tag sind wir längst hinausgewachsen.

Ist es möglich, daß jemand Dir begegnet und dabei nur an Krankheiten, Fakten, Zahlen und Laborergebnisse denkt? Du lächelst, du weinst, du kicherst – die normalsten menschlichen Züge. Bei Dir werden sie zu Ausdrücken von seltener Schönheit.

Ich versorge Dich mit medizinischen Dienstleistungen, aber das Wort Geschäftsvertrag beschreibt nicht angemessen, wie wir im Laufe eines Jahres zusammengefunden haben. Wenn wir unsere Beziehung beschreiben wollen, Deine und meine, müssen wir weiter nach den richtigen Worten fahnden.

Wenn man die Zeitung liest, könnte man glauben, heute bestünde die medizinische Arbeit nur noch aus Geschäft und Politik. Die Situation erscheint hoffnungslos. Die öffentliche Meinung beklagt, daß das Verhältnis Arzt – Patient nicht mehr das ist, was es einmal war. Die Mediziner beklagen, daß die medizinische Praxis auch nicht mehr das ist, was sie einmal war. Zumindest hierin stimmen Ärzte und Patienten überein. Die Zeiten haben sich geändert.

Es gab einmal einen Zustand, der Ärzte und Patienten glücklicher machte, als sie heute sind. Wir alle sehnen uns zurück nach den guten Seiten der guten alten Zeit. Hier brauchen die Ärzte nicht allein zu grübeln. Andere können ihre Träume teilen.

Es gab eine Zeit, da gründete sich die westliche medizinische Ethik auf theologische Grundbegriffe. Der Ethiker Paul Ramsey erinnert mich an die „biblische Norm der Bundestreue", wenn er die Berufsausübung der Ärzte als einen solchen Bund versteht.

Ich mag dieses Wort – „Bund". Aber wenn ich die Zeitungen lese und unseren gewählten Volksvertretern zuhöre, höre ich nur Versprechungen, man werde über einen besseren Gesundheitsfürsorge-„Vertrag" verhandeln. Und wenn ich den Kindern zuhöre, wird mir bewußt, daß sich die Begriffe Vertrag und Bund sehr deutlich voneinander unterscheiden.

> Verträge sind extern; ein Bund ist für die beteiligten Parteien intern ... Diese Diskussion um Vertrag und Bund zwingt uns, uns der Welt zuzuwenden, die uns die Vorstellung vom biblischen Bund präsentiert, wenn sie sich bemüht, mit dem Stachel der Krankheit, des Leidens und des Todes fertigzuwerden.[1]

Diese Worte von William May stoßen mich auf die biblische Sicht des Bundes und eröffnen die Möglichkeit, eine Heilungs-Partnerschaft zwischen Patient und Arzt neu zu definieren. In der Bibel gibt es reichlich Begebenheiten, die deutlich machen, worum es bei dem Begriff Bund geht.

Besonders mag ich die Geschichte von Jakob und Laban[2]; sie strapaziert die Vorstellung von einem Bundesschluß bis zum äußersten. Die Spannung zielt auf Rahel, Labans Tochter und Jakobs angehende Braut. Wenn es diese Braut nicht gäbe, hätten diese beiden Männer nie miteinander gesprochen.

Da begegneten sich zwei Erwachsene, die sich nicht einmal auf eine gemeinsame Sprache einigen können, so daß sie ein paar Steine als Merkzeichen ihrer Übereinkunft errichteten. Und jeder benannte das Steinmal, das den Ort kennzeichnete, in seiner eigenen Sprache. Aber sie waren bereit, eine Verständigung zu versuchen, weil sie ein gemeinsames Ziel verband.

Unterschiede in der Persönlichkeit und Konflikte über Kultur, Glaube und Autoritätsverständnis machen es manchmal schwer, das Verhältnis zwischen Arzt und Patient als ein Bundesverhältnis zu gestalten. Aber als Patienten und Ärzte haben wir ein gemeinsames Ziel, und dafür lohnt es sich, daß wir uns aufeinander zubewegen.

José war drei Jahre alt, als sich eine Geschwulst als Krebs herausstellte. Um eine Radikaloperation zu vermeiden, versuchte man es mit Chemotherapie in der Hoffnung, der Tumor würde schrumpfen. Als die Aufnahmen zeigten, daß der Tumor wuchs, empfahlen wir eine Operation, aber die Familie lehnte dies ab – auf den Rat eines Mitglieds ihrer Gemeinde.

Sie setzten ihre ganze Hoffnung auf die Worte dieses Mannes, der behauptete, er habe die Gabe der Prophetie; er habe ein „Wort des Herrn“ empfangen: Der Junge sei schon geheilt. Eine Operation sei nicht notwendig.

Wir vereinbarten ein Gespräch mit den Eltern und baten sie, den „Propheten“ und auch den Gemeindepastor dazu einzuladen. Während wir die medizinischen Fakten durchgingen, saß der „Prophet“ mit verschlossenem Gesicht daneben, vermied es, uns anzusehen, und hörte uns kaum zu. Die Eltern starrten voller Angst und Schmerz auf ihr Kind. Der Pastor hörte aufmerksam zu und fragte nach unserer Einschätzung, wie Josés Chancen mit und ohne Operation stünden.

„Wir alle hier gehören doch zu ein- und demselben Team, Herr Pfarrer. Wir wollen alle, daß José geheilt wird, egal wie das geschieht. Beten Sie mit uns für José.“

Wir wollten die Familie nicht drängen – weder dahin, einer Operation zuzustimmen, noch dazu, ihre Glaubensüberzeugungen zu ändern. Aber es lag uns daran, daß sie gut genug informiert waren, um sich dieser schwierigen medizinischen Entscheidung stellen zu können, und zwar in einem Umfeld, das ihnen Unterstützung anbot, wo jeder auf ihrer Seite war. Auch der „Prophet" beteiligte sich engagiert an dem ungewöhnlichsten Gebet, das jemals in meinem Arbeitszimmer gesprochen wurde. Wir verständigten uns schließlich darauf, noch eine Woche zu warten und ein weiteres CT* aufzunehmen. Wenn sich dabei herausstellte, daß der Tumor weiter gewachsen war, sollte ein Termin für die Operation festgelegt werden.

Wir hatten einen Ausgangspunkt für einen Bundesschluß gefunden, indem wir herausfanden, wo unsere Interessen übereinstimmten. In einem Bund gewinnen beide Parteien. Dieses Gespräch war eine Gelegenheit, die eigene Meinung zu überdenken, indem jemand hinzugenommen wurde, der den Glauben der Familie teilte, aber objektiv sein konnte. Der Pastor war besser dazu in der Lage, zwischen einem prophetischen Wort und edlen Gefühlen zu unterscheiden, als die Eltern oder auch der Bekannte aus der Gemeinde.

Treue zum Bund sucht eine gemeinsame Grundlage, die über bloße Autorität von einzelnen oder Institutionen hinausgeht und auf die vollkommene Liebe hinzielt, die die Angst vertreibt. Sie fordert nicht, daß die Parteien in allen Punkten voll und ganz übereinstimmen, wie bei einem Vertrag.

Aber es ist nicht immer einfach, das Verhältnis zwischen Arzt und Patient in diesem Licht zu sehen. Es gibt Ärzte, die offen eingestehen, daß sie Gefühle des Zorns und der Frustration gegenüber uneinsichtigen Patienten haben. In einem ungewöhnlich offenen Essay spricht ein Arzt über Vorstellungen, die viele unterdrückt haben:

> Sie versuchte, mich zu beißen ... Wenn man ihr das Essen brachte, spuckte sie die Leute entweder an, oder sie warf eine Gabel oder ein Messer in ihre Richtung ... Mein natürlicher Drang war, sie zu

---

* CT – Computer-Tomographie; ein besonderes Röntgenverfahren.

erwürgen ... Dennoch wurde die Gnädigste jedesmal, wenn sie in unserer Klinik aufgenommen wurde, mit den besten modernen medizinischen Mitteln versorgt.[3]

Jeder, der im medizinischen Bereich arbeitet, kennt so eine „Gnädigste". Der Arzt und Autor Bernie Siegel, der auch über eine „schwierige" Patientin schreibt, kommt der Vorstellung von einem Bund schon etwas näher. Einer Frau mit Brustkrebs, deren Familie sie für verrückt erklärte, sagte er einfach, daß er sie und alles, das sie mit ihm teilte, liebt.[4]

Sich an diese Bundesvorstellung zu halten ist nicht nur schwierig, es ist menschlich gesehen unmöglich. Wenn ich nur darüber schreibe, wird mir klar, wieviel Hilfe ich brauche, um meinen Anteil an diesem Bund zu erfüllen. Und wie oft ich scheitere.

Manchmal schreibe ich abends Worte wie diese, und am nächsten Tag stehe ich einem „unmöglichen" Patienten gegenüber, jemandem, dem ich lieber aus dem Weg gehen würde. Dann hilft es mir, an die Worte Jesu zu denken: Was ihr getan habt einem von diesen meinen geringsten Brüdern, das habt ihr mir getan.[5]

Mutter Theresa sagte einmal, daß man in jedem Menschen eine Persönlichkeit sehen soll. Mit geheiligtem Blick läßt sich selbst in einer „unmöglichen Person" der Friedensfürst erkennen. Wenn Jesus selber mein Patient wäre, wie würde ich dann jeden einzelnen Schritt einer schmerzhaften Prozedur durchführen? Wenn Jesus von meiner Gnade abhinge, wieviel Gnade würde ich an den Tag legen?

In meiner Beziehung zu Christus, in seinem Bund mit mir und meinem Bund mit ihm, führt die Gnade meine Hand. Mit so einer Persönlichkeit in meiner Klinik wird sie zu einem sichereren Ort für die Kinder.

Big Joe und Little Joe

Jungen haben keine Angst davor,
es mit dem Leben zu tun zu kriegen.
Sie können es kaum erwarten.
Antoine de Saint-Exupéry

Liebe Crumb-Bunny,
Eltern sind sehr wichtig für Babys. Alles in der Welt kann für Kinder von ihren Eltern abhängen. Deine Mama ist eine Frau, die ein Herz hat für alle Babys und Jungen und Mädchen, denen sie begegnet. Sie hat ein Gespür für die Krisen dieser Kinder, Deiner Brüder und Schwestern im geistlichen Sinn, und sie vergißt nicht, für sie alle zu beten.

Heute morgen fragte mich Deine Mama nach einem unserer kleinen Patienten, denn er hatte sie in ihren Gedanken sehr beschäftigt. Zwei Stockwerke weiter, auf einer anderen Station, war er gerade gestorben. Für uns war sein plötzlicher Tod eine Überraschung. Aber Deine Mutter hatte es in ihrem Gebet irgendwie gespürt.

Du bist das Lieblingskind Deiner Mutter – und auch meines. Irgendwie glaube ich, Du weißt das. Ärzte sollten keine Lieblinge haben, aber niemand mißgönnt mir mein besonderes Verhältnis zu Dir.

Ich prahle mit dir fast mehr als Deine Mutter. Jeder muß es ertragen, daß ich Crumb-Bunny-Geschichten und meinen neuesten Traum für Dich erzähle. Meine Teenager-Patienten hören zu und grinsen vielsagend. Sie haben eine Schwäche für Babys und auch für Träume. Dann fügen sie etwas ernster hinzu: „In meinem Fall kann ich es ja verstehen. Ich habe schon gelebt. Aber das mit den Babys trifft mich. Sie haben doch noch gar nicht gelebt.“ Meine Teenager lieben Dich auch, und sie hoffen und beten, daß Du gesund wirst.

Irgendwann einmal möchte ich Dir gerne ein paar von meinen anderen Lieblingen vorstellen. Ihr müßtet euch wahrscheinlich ins Zimmer quetschen, aber ich glaube, Ihr würdet alle gut miteinander auskommen.

Es war ein Schock, als ich die Zeitung aufschlug und ein Bild von Joe sah. Er selbst war gewiß sehr stolz darauf, daß er mit seinem Eishockeyteam abgebildet wurde. Joe war Bluter, und wir hatten uns gegen Kontaktsportarten ausgesprochen.

Er war damals neun Jahre alt, und ich hatte Bedenken wegen der Verletzungsgefahr. Aber seine Eltern waren entschlossen, ihm ein möglichst normales Leben zu ermöglichen.

Erst einige Jahre später entdeckten wir ein neues Problem. Viele der Blutplasma-Konzentrate für Bluter waren mit dem AIDS-Virus infiziert. Auch bei Joe fiel der HIV-Test positiv aus. Zwei Wochen vor dem Erntedankfest stand ich an seinem Bett in unserer „PICU" („Pediatric Intensive Care Unit" = Pädiatrische Intensivstation). Ein Beatmungsgerät atmete für ihn, und er kämpfte um sein Leben. An diesem Tag wurde er zu „Big Joe".

Im Bett neben ihm lag ein anderer Patient unseres Teams, der gerade in dem Alter war, in dem Big Joe Eishockey gespielt hatte. Zur gleichen Zeit, als wir erfahren hatten, daß Big Joe HIV-positiv war, hatte man bei „Little Joe" eine seltene Krebsart diagnostiziert.

Trotz Operation, Bestrahlung und Chemotherapie befiel der Krebs immer wieder seine Lungen. Nun füllte sich seine Brust mit Flüssigkeit, und er konnte nicht ohne Hilfe von außen atmen. Alle Möglichkeiten durch Bestrahlung waren ausgeschöpft, und eine andere wirksame Chemotherapie-Behandlung wußten wir nicht mehr. Brustschläuche konnten die Flüssigkeit nur für kurze Zeit drainieren, bevor sie sich wieder ansammelte.

Unsere Kinderchirurgen waren bereit zu versuchen, die äußere Schicht um die Lunge abzulösen, da sie aufgrund der Krebserkrankung ständig zu „weinen" schien, aber das Verfahren war riskant. Es konnte unter Umständen sein, daß er nicht durchkam. Selbst wenn er überlebte, würde er vielleicht nicht imstande sein, allein zu atmen und wäre ständig auf ein Beatmungsgerät angewiesen.

Ein tapferer kleiner Junge traf seine eigene Entscheidung, die Operation zu versuchen, und er überlebte sie – bezeichnenderweise. Nun lag unser Little Joe, immer noch am Beatmungsgerät, im Bett neben Big Joe. Die Ferienzeit schien nicht sehr verheißungsvoll zu beginnen.

Ich habe großen Respekt vor den Kinderärzten, die unsere PICU leiten. In unserem Krankenhausjargon heißen sie die „Intensivisten", und das beschreibt ihre Arbeit sehr treffend. Ein Mitglied dieses Teams sprach mit Big Joes Eltern, um ihnen seine bedrohliche Interpretation der neuesten Befunde mitzuteilen. Der Arzt versuchte behutsam herauszufinden, wie sie zu einigermaßen gewagten Maßnahmen standen, und fragte, ob Joe jemals etwas darüber geäußert hatte, was er selbst für richtig hielt.

Seine Mutter schüttelte den Kopf, als ich meine Visite machte. „Es klingt vielleicht töricht, aber ich glaube nicht, daß er diesmal sterben wird. Er wird diese Infektion überstehen. Diesmal wird es ihn nicht erwischen." Auf dem Krankenblatt stand nichts, was ihren Optimismus rechtfertigen konnte. Der Kollege hatte recht mit seiner Vermutung, daß Joe sterben könnte.

Im Nachbarbett zeichnete sich inzwischen ab, daß Little Joe, auch wenn er sich von der Anästhesie erholte, nicht alleine würde atmen können. Er hing immer noch am Beatmungsgerät, und es wurde erwogen, eine Trachealkanüle in seine Luftröhre einzuführen. In der PICU gab es für unser Team keine spontanen Erfolgsstories, keine Geschichten über plötzliche Genesung.

Es wurde immer schwerer, auf der PICU Visite zu machen. Die Worte fehlen und auf einmal stellt man fest, wie man mit Kurven und Zahlen hantiert und Daten weitergibt anstelle von Gefühlen. Daten gehen nicht so sehr unter die Haut.

Wenn man nicht mehr weiß, was man sagen soll, fühlt man sich sicherer, wenn man das ganze Team bei der Visite hinter sich hat und mit Assistenzärzten und Studenten im Schlepptau über den Patienten und seine Familie herfällt. Als wir zu Big Joes Bett kamen, hatte seine Mutter gerade eine kleine Plastikkarte in der Hand, die sie las. Als sie uns kommen sah, steckte sie sie schnell in ihre Tasche.

Als die anderen zu Little Joe weitergingen, blieb ich zurück. „Was haben Sie denn da in Ihre Tasche gesteckt, als wir hereinkamen?“ Sie wurde ein wenig verlegen und zog die Karte hervor, auf der ein Gebet stand. „Verstecken Sie so etwas bloß nie wieder! Medizin und Glaube sind doch keine Frage von Entweder – Oder.“

Little Joe hatte die Kanüle in der Luftröhre und konnte noch nicht sprechen. Das machte den kleinen Mann, der sonst eher schweigsam war, sehr gesprächig. Nur daß er keine Stimme hatte. Also formte er die Worte mit den Lippen und benutzte seine Hände.

Auf seinem Nachttisch standen Gipspinguine, die er anmalte. Bis zum Erntedankfest waren auch seine Cousins bei uns eingefallen. Ein Zimmer neben der PICU wurde zu einer Werkstatt für die Herstellung winziger Pfefferkuchenhäuser aus Vollkorn-Kräckern, Zuckerguß, Fruchtgummis und was den jungen Architekten sonst noch so einfiel. Die Behälter, in denen normalerweise die EKG-Streifen landen, die die Herzmonitore ausspucken, leerten sie aus und machten daraus Schaukästen für Dutzende dieser kleinen Kunstwerke.

Little Joes Zeigefinger wurde zu seiner Stimme. Wenn seine Lieblingsschwestern und -ärzte hereinkamen, zeigte er ihnen mit dem Finger, daß jeder ein Häuschen mit nach Hause nehmen sollte. Es war mir eine Ehre, meine neue Kostbarkeit mit ins Arbeitszimmer zu nehmen. Ich war froh, daß Little Joe seinen Spaß dabei hatte, aber besorgt, ob er die PICU und die Klinik jemals lebend verlassen würde.

Big Joe hielt sich einigermaßen, aber lebenswichtige Organe waren stark in Mitleidenschaft gezogen. Er bekam weiterhin Beruhigungsmittel, damit er nicht gegen den Ventilator kämpfte, der ihm half zu leben. Seine Eltern saßen meist bei ihm am Bett, aber manchmal traf ich seinen Vater auch bei Little Joe und dessen Eltern an. Was die beiden verband, war mehr als der gemeinsame Name und die gemeinsamen Ärzte.

Schließlich wachte auch Big Joe auf, und unsere beiden Joes wurden auf die normale Station verlegt, wo sie ganz gesund werden sollten. Big Joe wurde als erster entlassen. Obwohl er an Gewicht verloren hatte und einen Rollstuhl brauchte, bis er wieder bei Kräften war, verlief sein Heilungsprozeß erstaunlich gut.

Little Joe blieb bei uns, weil er noch das riesige Beatmungsgerät brauchte. An Weihnachten füllte sich sein Zimmer mit Geschenken und neuen Bastelarbeiten. Little Joe lebte weiter und wollte schließlich nach Hause, und sei es auch nur, um dort zu sterben. Irgendwie wurde das Unmögliche möglich. Er und sein Beatmungsgerät kamen nach Hause, wo die Ärzte und Schwestern aus der Klinik weiterhin seine Betreuung überwachten.

Big Joe erholte sich so gut, daß er eine Reise nach Europa machen konnte und dann an die Uni zurückkehrte. Ein Jahr später sah er wieder richtig gut aus und war voller Zukunftspläne. Vor kurzem habe ich seine Mutter in unserer Klinik getroffen. Sie war gerade dabei, einen Brief zu schreiben, während sie auf ihren Sohn wartete.

Der Brief war an einen Arzt auf der PICU gerichtet, und sie wählte die Worte sorgfältig. Während der Krise hatte er sie gefragt, wie sie über die Möglichkeit dächte, die Geräte, die Big Joe am Leben erhielten, abzuschalten. „Ich möchte dazu beitragen", sagte sie, „daß auch die Ärzte aus dieser Erfahrung lernen, wie wichtig der Glaube und die Hoffnung sind, wenn es darum geht, was mit diesen Kindern geschieht. Ich möchte ihm vor allem für die hervorragende Betreuung danken, und ihm berichten, was Joe im vergangenen Jahr alles zuwegebringen konnte."

Ich konnte diese Absicht nur unterstützen und dachte laut nach: „Jetzt ist ein ganzes Jahr vorbei. Wer hätte gedacht, daß Big Joe und Little Joe beide noch bei uns sein würden?" – „Little Joe?" fragte sie überrascht. „Ich hatte keine Ahnung, daß er noch lebt. Ich hatte immer Angst zu fragen."

„O ihr Kleingläubigen!" zog ich sie auf.

Heute denke ich an Big Joe, der immer noch HIV-positiv ist, und Little Joe, der immer noch Krebs hat, und ich weiß, was in den Statistiken steht. Aber ein Vierteljahrhundert lang zitiere ich schon Statistiken und erfahre, daß die Seele des Menschen stärker ist als alle Wahrscheinlichkeit. Statistisch gesehen sollten weder Big Joe noch Little Joe heute hier sein. Also setze ich mit ihnen und ihren Eltern weiter auf die Hoffnung.

Wie Blumen im Sonnenlicht

Wie die zarten Blumen willig sich entfalten
und der Sonne stillehalten: Laß mich so still und froh
deine Strahlen fassen und dich wirken lassen.
Gerhard Tersteegen

Liebe Crumb-Bunny,
Du bist wie eine Blume, kleine Prinzessin. Du sitzt in Deiner „Lebensinsel", flirtest mit mir und gurrst wie eine Taube, wenn die Schwestern kommen. Du liebst Deinen kleinen Kassettenrekorder, und Du kannst immer wieder die gleichen Worte hören: „Jesus möchte, daß ich heute wie ein Sonnenstrahl für ihn scheine." Du scheinst nicht nur, Kleine. Du blendest.

Es hatte schon seinen Grund, daß ich all diese IQ-Tests für Babys angefordert habe, bevor Du auf die Knochenmarkstransplantation-Station kamst. Ich wollte sehen, ob die Histiozytose, die wir in Deinem Gehirn gefunden haben, Schädigungen hervorgerufen hatte. Der Psychologe fand Dich in verschiedener Hinsicht „frühreif". Wahrscheinlich hat er Dir einen Kassettenrekorder zum Spielen gegeben.

Bei diesen Tests für Kleinkinder geht es vor allem darum, festzustellen, wie die Babys auf Spiele reagieren, die wir Erwachsenen uns ausdenken. Wir sind allerdings, wie es scheint, wenig daran interessiert oder jedenfalls wenig geschickt darin, etwas über Eure religiöse Entwicklung zu erfahren. Und selbst wenn es uns interessieren würde – wir würden vermutlich Tests erfinden, mit denen wir feststellen, ob Ihr das gelernt habt, was wir Erwachsenen über Gott und über religiöse Dinge wissen.

Ich sehe Dich an und fühle, wie Du mich mit Deinem Lächeln umarmst. Ich frage mich, was für einen Test Du Dir ausdenken würdest, um meinen geistlichen IQ zu messen.

Vor einiger Zeit ging ich zum Gottesdienst in einer Gemeinde, wo mich niemand kennt. In der Bank vor mir saß eine Mutter mit drei Kindern, und ein achtjähriges rothaariges Mädchen drehte sich zu mir um und sagte: „Mein Vater ist im Krankenhaus. Es ist die Niere."

Zuerst war ich verblüfft – sie konnte ja nicht wissen, daß ich Ärztin bin. Aber unverkennbar war, daß dieses Kind einen großen Kummer hatte und sich Sorgen machte. Also nahm ich mich zusammen und sagte: „Dann müssen wir für ihn beten." Ihr roter Schopf nickte heftig.

Der Gottesdienst begann mit Abkündigungen, und es kamen ähnliche Sorgen zur Sprache wie die, die das Kind belasteten. Als der Pastor fragte, ob noch jemand etwas mitzuteilen hätte, schoß ihr Arm in die Höhe. Genauso schnell packten ihre Mutter und ihr älterer Bruder ihren Arm und drückten ihn wieder nach unten.

Die Abkündigungen wurden beendet, ohne daß das Mädchen die Sorge um ihren Vater mitteilen konnte. Es folgte die Begrüßung. Kaum hatte der Pastor die Gottesdienstbesucher aufgefordert, einander zu begrüßen, sprang meine kleine Freundin mit ihrer ausgestreckten Hand auf den Gang. In der Zeit, die ihr zur Verfügung stand, schaffte sie mindestens zehn Bänke, wobei sie jeden mit „Mein Vater ist im Krankenhaus; es ist die Niere" begrüßte.

Von allen, die hier zum Gottesdienst zusammengekommen waren, war allein dieses Kind bereit, verletzbar zu werden, sich zu öffnen, zu entfalten und ihr empfindsames Inneres dem himmlischen Sonnenschein auszusetzen.

Erwachsene haben anscheinend sehr begrenzte Erwartungen an Kinder. Jedenfalls erwarten wir kaum, daß „wir" etwas „von ihnen" lernen könnten. Als vor zweitausend Jahren Kinder im Tempel Jesus ihr Hosianna zuriefen, wurden die Erwachsenen, die dabeiwaren, zornig. Aber Jesus sagte dazu: „Aus dem Munde der Unmündigen und Säuglinge hast du (Gott) dir Lob bereitet."[1]

Ich habe noch oft an meinen kleinen Rotschopf gedacht, wenn ich in meinem Sprechzimmer mit Patienten sprach. Zwischen der „heiligen" Verwundbarkeit dieses Mädchens und der Verletzlichkeit der Kinder, die ich wegen Krebs oder anderer ernster Erkrankungen behandle, gibt es enge Parallelen. Ich frage mich, warum ihre Mutter die eigenen Sorgen nicht mit ihrer Glaubensfamilie geteilt hat. Sie haben sie doch sicher auch bedrückt.

Das Schweigen der Mutter war ein typisches Erwachsenen-Verhalten. Ich habe soviel Freude daran, in meinen Beruf mit Kindern und jungen Menschen zu arbeiten, weil sie so offen sind. Sie reden einfach über sich – jedenfalls werden sie es tun, wenn die Erwachsenen sie nicht daran hindern. Vor ein paar Wochen habe ich in meiner eigenen Gemeinde etwas erlebt, was mich sehr berührt hat.

Bei einem Kind aus meiner Gemeinde war kürzlich Leukämie festgestellt worden. Mitten im Gottesdienst stand eine kleine Klassenkameradin von ihr auf und fragte, ob sie für dieses Kind beten dürfe. Ich versuchte mir vorzustellen, wie die Gemeinde reagiert hätte, wenn der Pastor oder ein anderer Erwachsener diese Mitteilung gemacht hätte. So war jeder berührt, nicht nur von der Krankheit des Kindes, sondern auch vom Glauben dieser kleinen Freundin.

„Aus dem Mund der Kinder und Säuglinge.“ Hat Gott dieses Kind gebraucht, um uns etwas Wichtiges mitzuteilen? Mir kamen die Hoffnung erweckenden Worte in den Sinn, die Worte der Bibel, auf die sich diese Form der Mitteilungen in unserem Gottesdienst bezieht:

„Leidet jemand unter euch, der bete; ist jemand guten Mutes, der singe Psalmen. Ist jemand unter euch krank . . . betet füreinander, daß ihr gesund werdet. Des Gerechten Gebet vermag viel, wenn es ernstlich ist“ (Jakobus 5, 13. 14. 16).

Sollte es uns wirklich überraschen, daß Kinder uns so vieles lehren können? Das Lächeln eines Kindes genügt, und schon entfalten wir unsere steifen Blütenblätter – schneller, als es jeder noch so gescheite Vortrag über Ehrlichkeit, Offenheit und Durchsichtigkeit in der Beziehung zustandebrächte. Auch meine kleine Crumb-Bunny half mir und allen anderen, die sie auf der Knochenmarks-transplantation-Station besuchten, unsere schützenden Blütenblätter auseinanderzufalten. Sie lachte einfach über das törichte Spiel, das wir spielten.

Als sie auf unsere Station kam, brachten ihre Eltern ihr gerade neue Worte bei. Als ihr Wortschatz sich allmählich erweiterte, wurde es zum Bestandteil unserer täglichen Routine, darauf zu warten, wessen Namen sie als nächsten nach „Papa“ und „Mama“ lernen würde. Es genügte uns nicht, unseren eigenen Namen vorzuplappern und darauf zu warten, daß sie ihn nachsprach. Es war ein richtiger Wettstreit, wir versuchten sogar zu mogeln.

Das Kind hatte immer nur gehört, wie ich „Dr. Komp“ genannt wurde, aber Kinder beherrschen den Laut K erst ganz spät. Es mußte wahrscheinlich formloser zugehen; also nutzte ich den Umstand, daß sie schon mit „hi“ vertraut war. Unser tägliches Ritual bestand aus „Hi Di!“.

Aber Schwester Angie wollte sich nicht so schnell geschlagen geben. Wenn Crumb-Bunny morgens in ihrer Lebensinsel aufwachte, begrüßte sie jede Schwester, die in ihre Nähe kam, mit einem langgezogenen „Aaaaaaah“. Und meine Konkurrentin im Wettlauf um Crumb-Bunnys Gunst behauptete steif und fest, daß sie Aaaaaaangie sagte.

Nicht zu vergessen natürlich Hanne, die nach London fliegen sollte, um das gespendete Knochenmark zu holen. Während Crumb-Bunny mit ihren Sprechversuchen zwischen uns beiden Konkurrentinnen hin- und herkreuzte, stürzte sich Hanne auf ihre Art von Verneinung: „naaah“ – es kam mindestens einmal pro Stunde, wobei das Baby heftig den Kopf schüttelte. „Hört ihr?“ sagte Hanne mit hoch erhobenen Kopf. „Sie sagt (Han)naah.“

Das war unser tägliches Spiel, bei dem sich unsere kleine Mitspielerin köstlich amüsierte. „Mein Name zuerst! Zeig mir, daß du mich mehr liebst und sag meinen Namen. Ich gebe dir, was du willst, wenn du meinen Namen sagst. Du bist ein echt süßes Kind!“

An der Universität brachten sie mir solche Spielchen nicht bei. Aber die Zeiten ändern sich. Als ich studierte, gab es keinen Platz für eine zukünftige Ärztin, die in Tränen ausbrechen könnte. Aber heute gibt es Grund zur Hoffnung, selbst in den Anatomielabors:

> Nervöse Studenten mit OP-Handschuhen und -Schürzen . . . standen in langer Reihe an Metalltischen, auf denen Leichen zum Sezieren bereitlagen. Statt mit aller Macht stoische Ruhe bewahren zu müssen,

> waren diese Medizinstudenten im ersten Semester ermutigt worden, ihre Gefühle nicht zu unterdrücken, sondern zu weinen, zu lachen, ohnmächtig zu werden oder den Raum zu verlassen, wenn sie wollten. Niemand nahm das in Anspruch, aber viele sagten, sie wüßten die „Erlaubnis" zu schätzen, sich so zu verhalten ... „Wir versuchen, ihnen nahezubringen, daß es okay ist, wenn das, was sie da tun, sie aufwühlt oder sie sich sehr merkwürdig vorkommen."[2]

In der Universitäts-Klinik Dartmouth war es der ehemalige Generalstabsarzt C. Everett Koop, der zum Vorreiter für eine andere Art von medizinischer Ausbildung wurde. Er und seine Kollegen hoffen, künftige Ärzte für mehr Menschlichkeit im Verhältnis zu ihren Patienten begeistern zu können. Solche Veränderungen bei der Mediziner-Ausbildung sind längst überfällig und könnten dazu beitragen, unser sterbenskrankes Gesundheitssystem neu zu beleben.

Was würde geschehen, wenn ein hochgebildeter Arzt und zwei hochspezialisierte Krankenschwestern genauso viel Zeit darauf verwendeten, auch in der Betreuung erwachsener Patienten ihre Herzen mitreden zu lassen, wie Angie, Hanne und ich es bei Crumb-Bunny tun? Würde auch nur ein einziger Arzt nur einen einzigen Patienten bestürmen: „Zeig mir doch, daß du mich magst. Sag meinen Namen"? Lachen Sie mich nicht aus. Ich habe ein Recht auf meine Träume. Genau so wie Sie.

Die Parabeln vom Apple-Doll-House

Nein, Gott hat sich die Schwachen ausgesucht,
die aus menschlicher Sicht Einfältigen,
um so die Klugen zu beschämen.

1. Korinther 1, 27

Liebe Crumb-Bunny,
ich sehe den Blick, mit dem Deine Mama Dich anschaut, während wir uns unterhalten, und ich weiß, daß Du geliebt und angenommen bist. Sie stellt sich eine vollkommene Crumb-Bunny genauso vor, wie Du bist und wie Du einmal sein wirst.

Irgendwann wirst Du meine Freundin Ruth kennenlernen. Ihr Sohn Donny starb vor zehn Jahren, aber ich denke oft an ihn. Ruth ist etwas Besonderes, weil sie besondere Menschen zu schätzen weiß. Als Donny tot war, fing Ruth an, im Apple-Doll-House zu arbeiten.

Das Apple-Doll-House war ein Restaurant, in dem einige der schwächsten und verwundbarsten Mitglieder unserer Gemeinschaft arbeiten konnten und nun erhobenen Hauptes dastanden.

Ich beobachte Dich, meine Kleine, und ich stelle fest, daß Du zu den Weisen gehörst. Ich weiß, wenn Du größer wirst, wirst Du ein Herz für Gottes zerbrechlichste Geschöpfe haben.

In den meisten Fällen haben wir noch keine Ahnung, wodurch Krebs bei Kindern verursacht wird. Für die meisten gibt es keine Vorwarnung. Anders ist es bei einigen meiner ganz besonderen Patienten, die Kinder mit Down-Syndrom („Mongolismus"). Ihr abnormales Chromosom kann zu Geburtsfehlern führen oder auch zu Krebs. Morris West nennt sie die „Gaukler Gottes"[1].

Die Krebsform, die bei Down-Kindern am häufigsten auftritt, ist Leukämie; aber auch andere Tumore kommen vor. Was die Down-Kinder von anderen Kindern in meiner Praxis unterscheidet ist, daß ihre Eltern so gut auf die Situation vorbereitet sind. Und merkwürdigerweise stelle ich fest, daß diese besonderen Kinder für mich zu den Lehrern gehören, die ich am meisten schätze.

Im Studium lernte ich, Familien mit behinderten Kindern solle man am besten vorschlagen, das Kind in ein Heim zu geben. Heute wachsen die meisten Behinderten in ihren Familien auf und erhalten Unterstützung durch regionale Gesundheitszentren. Und einige dieser Regionalstellen sind etwas ganz, ganz Besonderes.

Das Apple-Doll-House-Restaurant in meiner Heimatstadt ist jetzt geschlossen, das Gebäude wird für andere wichtige Zwecke genutzt. Die ehemaligen Geschäftsräume wurden in ein geräumigeres Restaurant verlegt, das mehr Arbeitsplätze für behinderte Erwachsene ermöglicht. Was ich in diesem Restaurant erlebt habe, gehört heute zu meinen schönsten Erinnerungen.[2]

Eines Tages rief mich ein Mann an, der sich als Computerspezialist vorstellte. Sein Sohn, ein Teenager mit Down-Syndrom, hatte eine Krebsoperation hinter sich, und nun suchten sie den richtigen Arzt für die Nachsorge.

Sein Chirurg meinte, sie sollten sich an einen Onkologen für Erwachsene wenden, da es um einen „Erwachsenen-Tumor" in einem Menschen von der Größe eines Erwachsenen ging. Aber das Down-Syndrom machte Rodds Leben kompliziert. Seine Eltern konnten nicht glauben, daß ihr Sohn medizinisch wie ein typischer Erwachsener behandelt werden sollte.

Rodds Vater nutzte sein Computer-Fachwissen, um sich unter den Kinderonkologen nach dem „richtigen" Arzt umzuschauen. Obwohl er nie nach jemandem suchte, der eine besondere Erfahrung bei der Behandlung von Krebs bei Down-Syndrom hatte, tauchte mein Name immer wieder in den Programmen auf, die er benutzte. „Aber wer hat Ihnen von meinem besonderen Interesse am Down-Syndrom erzählt?" fragte ich. Ich hatte nie etwas zu diesem Thema veröffentlicht. Mein „Fachwissen" verdankte ich nur meiner Liebe zu diesen besonderen „Gauklern Gottes".

„Dann sind wir wohl regelrecht zu Ihnen ‚geführt' worden!" entgegnete er. „Ich wußte das nämlich gar nicht."

Rodds Tumor wurde erfolgreich behandelt, aber wir blieben in engem Kontakt, weil wir uns mochten und viel Spaß miteinander hatten. Rodd hätte sogar einem Bariumklistier zugestimmt, wenn ich einen richtigen Knicks gemacht und ihn „Euer Lordschaft" genannt hätte.

Rodd ist pfiffig, unternehmungslustig und selbstbewußt, und bei seinen Geburtstagspartys würde er mit mir tanzen, bis meine Füße wund sind, wenn ich nicht darauf verweisen würde, daß ich eine gesetzte Dame mittleren Alters bin, und eine jüngere Partnerin vorschlüge. Gottes Vorsehung ist wirklich erstaunlich. Rodds Freundin, die auch das Down-Syndrom hat, kann die ganze Nacht durchtanzen.

Wir trafen uns im Apple-Doll-House. Diesmal war er mein Gast. Mary Kate, die Empfangsdame, nahm unsere Bestellung auf. Während Seine Lordschaft die Speisekarte studierte, erhaschte er aus den Augenwinkeln einen Blick dieses wunderbaren Geschöpfes. An diesem Tag waren alle Mitarbeiter im Speisesaal Erwachsene mit Down, und Rodd kam sich vor wie im siebten Himmel, als er sah, wer den Laden managte. Mary Kate schwebte mit unserer Bestellung davon, und Rodd gestattete sich einen kurzen Blick zur Seite, bevor er seine Aufmerksamkeit wieder uns zuwandte. Nachdenklich schüttelte er den Kopf und sagte: „Tolle Frau!"

Mary Kate kam mit dem Nachtisch und der Rechnung. Als wir das Apple-Doll-House verließen, fragte seine Mutter: „Rodd, wie gefällt es dir hier?" Er schaute sich um und sagte versonnen: „Es ist herrlich, so viele Behinderte zu sehen."

Finden Sie es auch herrlich, wenn Sie viele Behinderte sehen? Oft sind wir, die Gescheiten, die eigentlich Behinderten. Wir leiden unter einem deutlichen Mangel an Vorstellungskraft. Einer meiner anderen Patienten mit einer stark verzögerten Sprachentwicklung ist verliebt. Seine Liebste, die taub ist, brachte ihm die Zeichensprache bei, und sie „hört" nur die wunderbar beredte Sprache seiner Hände.

Die Vorsehung Gottes hat noch andere Wunder bereit. Ein paar Linguisten in Kalifornien haben Erstaunliches über Menschen mit Sprachstörungen herausgefunden. Sie kamen darauf, daß sich manche Down-Kinder mit fehlerhafter Sprechweise ungezwungen und recht poetisch mittels der Tastatur eines Computers ausdrücken können. Eines von ihnen, ein Teenager mit Namen Christine, schrieb über Gott und wandte sich vertrauensvoll an den Sprachforscher: „Es wird ihm bestimmt gefallen." Ich bin sicher, damit hat sie recht: „Ich mag Gottes leisestes Flüstern."[3]

Durch einen Geburtsfehler hat Pfarrer Harold Wilke keine Hände, um in der Zeichensprache zu reden, aber er hat begabte Zehen. Karl Menninger zitiert Wilke: „Ich kann Ihnen nicht die Hand geben . . . Ich hatte nie Hände . . . Meine Eltern erwarteten von mir, daß ich alles tat, was meine Brüder auch machten, und so lernte ich Alternativen – Zehen statt Finger."[4]

Freuen wir uns auch darauf, viele behinderte, besondere Menschen zu sehen? Es ist nicht nur die Gesellschaft oder das Gesundheitssystem, die die Behinderten immer wieder ausschließt. In der Vergangenheit zumindest waren auch die religiösen Gemeinschaften nicht viel besser. Pfarrer Wilke wäre nicht immer ein aussichtsreicher Kandidat für den kirchlichen Dienst gewesen.[5]

Finden wir es herrlich wie Rodd, oder ist unser erster Impuls eher wegzulaufen? Manchmal laufen wir fort, in unsere Krankenhäuser oder sogar in unsere Gotteshäuser. Vielleicht ist es nicht einmal eine bewußte Strategie, die uns dazu bringt, geistig oder körperlich behinderte Menschen auszuschließen, aber wir sogenannten Intelligenten haben wohl einen chronischen Mangel an Phantasie. Aber ohne eine geheiligte Phantasie sind wir kein Volk der Hoffnung.

Wie können wir dem begegnen, was in den Augen der Menschen schwach und töricht ist? Wir könnten zu einer fürsorglichen Gesellschaft werden, wenn wir unsere Neigung zu fliehen wahrnehmen und aufhören wegzulaufen. Wir sind eine heilende Gemeinschaft, wenn wir mit tausend Zungen und Fingern und Zehen versuchen, Gottes leisestes Flüstern nachzusprechen.

Um Leben und Tod

Das Leben als solches ist immer eine ernste Angelegenheit; aber wie wir es leben, kann nicht nur vom Ernst bestimmt sein. Man kann bis zu den Haarwurzeln voller Feierlichkeit stecken, aber wenn es um wirklich wichtige Dinge geht (wie Sexualität, Tod oder Religion), braucht man Heiterkeit, oder man wird wahnsinnig.

G. K. Chesterton

Liebe Crumb-Bunny,
eine Knochenmark-Station ist ein Ort, an dem man über Leben und Tod nachdenkt. Alle Patienten sind hier, weil sie sich verzweifelt danach sehnen zu leben, aber nicht alle werden die Station wieder verlassen. Niemand weiß besser, was es heißt, Leben und Tod in e i n e n *Gedanken zu fassen, das Wesentliche daran in einem Atemzug zu erfassen, als die Ärzte und Schwestern, die hier arbeiten.*

Das habt gerade Ihr uns gelehrt, unsere allerkleinsten Patienten, die als Babys zu uns kommen. Ihr wißt, was es heißt, verletzlich zu sein, aber voller Vertrauen, abhängig, aber nicht mutlos. Für Erwachsene ist das eine harte Lektion, aber eine, die sie immer wieder lernen müssen.

Es gibt ältere Kinder in der Klinik und auch Erwachsene, die manchmal Windeln tragen müssen. Anders als für Dich ist es für sie sehr schwer zu ertragen, wenn sie jemand anderen brauchen, damit er ihnen die Windeln wechselt. Sie sind meist sehr stolz, diese Menschen – und Jesus hat es schon gewußt.

Der christliche Glaube sagt, daß Gott unsere Erfahrungen geteilt hat; selbst die äußerste Spannung an der Grenze zwischen Tod und Leben hat er durchlebt. Gott trug Windeln in Bethlehem; in einer Schreinerwerkstatt lernte er „Papa" zu sagen. Und wenn er den Erwachsenen etwas wirklich Wichtiges sagen wollte, über Leben und Tod und über den Stolz, dann stellte er Kinder wie Dich, kleine Crumb-Bunny, als Vorbild hin.

Du bist also ein Lehrer, Kleine; jemand, der für uns alle eine wichtige Botschaft hat.

Wenn ein Kind mit der Diagnose Krebs auf unsere Station kommt, fragt manchmal jemand, ob der Patient weiß, daß er sterben wird. Aber Krebs ist ein Wort, kein Urteilsspruch. Krebs ist leichter zu heilen als die tödliche Furcht vor dem Krebs.

Verletzliche Kinder haben mich gelehrt, keine Angst vor der Angst zu haben. Von den Kindern und ihren Eltern habe ich gelernt, daß man der Angst vor dem Krebs nicht ausweichen darf. Angst kann uns vor einer Gefahr warnen. Schädlich wird sie erst, wenn unsere Reaktion, die Angst vor unserer Angst, uns daran hindert, das Leben dennoch zu bejahen und weiterzugehen.

Wenn ich einen Knoten in meiner Brust taste, kann mich die Angst, daß es Krebs ist, in zwei verschiedene Richtungen führen. Sie kann mich zur Frühdiagnose und Behandlung bei einem Arzt führen. Oder sie kann mich dazu veranlassen, alles zu verschleppen, zu leugnen, meiner Seele Stoff für Phantasien zu geben. Wenn die Angst mich dazu bringt, etwas zu unternehmen, dann ist sie mein Freund.

„Ich habe eine unheilbare Krankheit", sagt Peter Kreeft. „Das Leben verläuft immer tödlich. Niemand kommt lebend davon."[1] Jemand, der Krebs hat, ist also nicht „unheilbarer" als alle anderen; man sollte ihm auch nicht mit mitleidigem Bedauern begegnen.

Das größte Hindernis im Kampf gegen den Krebs bei Erwachsenen ist die Tatsache, daß die Diagnose meist so spät gestellt wird. Eine falsche Hoffnung gaukelt der Seele Märchen vor. Bei Kindern kommt das selten vor. Der typische Kinder-Krebspatient wird dem Arzt am selben Tag vorgestellt, an dem das erste Symptom bemerkt wurde. Dies ist einer der Gründe dafür, warum es in der Behandlung von Krebs bei Kindern so große Fortschritte gibt.

„Das große C".* Die größte Angst. Solch lähmende Angst legt einen bösen Zauber selbst über manche der vernünftigsten, nüch-

* Cancer, Carcinom, Krebsgeschwulst

ternsten Denker, die ich kenne, über Leute, die nicht im entferntesten an Magie glauben. Wie diese Kraft wirkt, merke ich, wenn ich jemandem zum ersten Mal begegne und das Gespräch den üblichen Verlauf nimmt. Sobald ich sage, daß ich Kinder-Onkologin bin, warte ich auf den automatischen Schritt rückwärts, fort von mir. Auch meine Patienten kennen diese Angst, daß ihr Kontakt zu mir sie selbst oder ihre Angehörigen verhexen könnte.

Vor ein paar Tagen fragte mich beim Einkaufen eine Freundin, die an Laryngitis erkrankt war und kaum noch eine Stimme hatte, nach meiner medizinischen Meinung. Sie zeigte mir eine Medizin, die man ihr einmal verschrieben hatte und die nun noch immer in ihrem Badezimmerregal stand. Sie fragte sich nun, ob dieses Medikament ihr wohl auch jetzt gegen die Laryngitis helfen könnte. Es war ein Antibiotikum, das bei derartigen Infekten überhaupt nicht hilft und unerwünschte Nebenwirkungen haben kann. Ich empfahl ihr, es nicht zu nehmen.

Ein anderer Kunde hörte das Gespräch zufällig mit. Er wußte nicht, wer ich bin, dachte aber, er hätte sicher mehr zu bieten als eine Frau mittleren Alters in Shorts und T-Shirt. „Dieses Antibiotikum kann Ihnen nicht schaden", mischte er sich unaufgefordert ein, und meine Freundin fragte ihn, ob er Arzt sei. Nein, er sei Zahnarzt. Meine Freundin meinte, sie müsse klarstellen, wer ich bin. „Die Frau, mit der ich mich gerade unterhielt, ist Ärztin. Sie ist Onkologin."

„Onkologin!" rief er in dem Glauben, ich sei außer Hörweite. „Wissen Sie, was das bedeutet? Alle ihre Patienten sind unheilbar krank. Sie sind zu bedauern!"

Wir neigen dazu, Leben vom Tod, Leben von Sterben zu trennen, als ob es zwei völlig verschiedene Personenkreise beträfe. Zu den Sterbenden schieben wir alle Krebskranken. Eine Erfahrung erinnert mich daran, wie schwierig es ist, Leben und Tod nicht auseinanderzureißen. Ich gehörte zu einer Gruppe von Ärzten und Pastoren, die sich trafen, um über unseren gemeinsamen Einsatz für das körperliche und geistliche Heil von Menschen zu sprechen. Ein Klinikseelsorger wünschte sich einen besseren Austausch zwischen ihm und seinen Kollegen aus der Medizin: „Ich finde", sagte er, „die Ärzte sollten den Seelsorger wissen lassen, wenn ein Patient im

Sterben liegt. Ihre Arbeit endet da, wo unsre beginnt." Dieser Satz weckte meine ganze Aufmerksamkeit. Er rüttelte mich auf.

Manche Ärzte flüchten vom Bett der Sterbenden, als seien sie selbst in Gefahr. Wenn wir das tun, hinterlassen wir eine Lücke und lassen unseren Patienten im Stich. Genau diese Lücke sah der Pfarrer. Aber hinterließ er nicht statt dessen eine andere Lücke? Ich hätte gedacht, daß er, genau wie Jesus, auch den Lebenden etwas zu bieten hätte, ebenso wie den Sterbenden. Das Evangelium von Christus, das er doch weitergeben soll, ist – so verstehe ich es jedenfalls – eine gute Nachricht.

Dieser Seelsorger verstand seine und meine Arbeit als ein Nacheinander, nicht als ein Nebeneinander. Meine Verantwortung und die Hoffnung, die ich bringen kann, endet allerdings nicht mit den letzten Medikamenten, die ich verschreibe. Wenn ich dem Bund treu bleiben will, muß ich meiner eigenen Angst vor Krebs, meiner eigenen Angst vor dem Tod standhalten und ans Bett zurückkehren. „Bis daß der Tod uns scheidet" – dieses Treuegelöbnis wäre auch eine angemessene Umschreibung für das Verhältnis Arzt – Patient. Und das ist keine schlechte Nachricht. Es ist ein Grund zu hoffen.

„Den Frieden lasse ich euch", sagt Jesus. „Meinen Frieden gebe ich euch. Nicht gebe ich euch, wie die Welt gibt. Euer Herz erschrecke nicht und fürchte sich nicht."[2] Der Friede, von dem Jesus spricht, ist mehr als die Abwesenheit von Angst. Er ist ein Geschenk, das Christus denen gibt, die sich dafür entscheiden. „Euer Herz erschrecke nicht" ist ein Gebot, kein unverbindlicher Vorschlag, eine Wahl, die wir alle treffen können. Und das ist wirklich eine gute Nachricht.

Wenn wir anderen helfen wollen, heil zu werden, müssen wir erst unsere eigenen Wunden behandeln. Wir müssen mit unseren eigenen Vorstellungen vom Leben beginnen. Aus irgendeinem seltsamen Grund glauben wir, daß wir schon Experten für das Leben sind und daß erst der Tod das Unbekannte bereithält. Die unerbittlichen Statistiken über gescheiterte Ehen, unerwünschte Schwangerschaften, zerrüttete Familien und soziale Hoffnungslosigkeit sind der deutliche Beweis, daß wir als Gesellschaft noch viel über das Leben zu lernen haben.

Als Elisabeth Kübler-Ross' Buch *Interviews mit Sterbenden* erschien, hat man gesagt, der Tod sei „aus dem stillen Kämmerlein" herausgetreten.[3] Das Sterben scheint einen Weg gefunden zu haben, sich vom Leben zu lösen, sozusagen ein Eigenleben aufzunehmen.

Über Leben, Heilung und Hoffnung lernen wir am meisten von denen, die mit Sterbenden arbeiten. Shiela Cassidy, eine britische Hospiz-Ärztin, sagt, sie habe „bei diesem Kampf einen sehr teuren Platz direkt am Ring", aber sie fährt fort:

> Wir haben die Pflicht, die Wahrheit darüber weiterzugeben, was wir sehen; daß die Fakten günstig sind; daß die Blinden sehen, die Lahmen gehen, die Aussätzigen rein werden, und daß die gute Nachricht den Armen verkündet wird – daß das Reich Gottes unter uns ist und daß hierin unsere Hoffnung liegt.[4]

Vor einigen Jahren kämpfte eine sehr gute Freundin mit Krebs in fortgeschrittenem Stadium. Bei einer Autofahrt nach Boston im Anschluß an eine Chemotherapie mußten wir öfter einen Nothalt einlegen. Jedesmal, wenn Ginnie zum Auto zurückkehrte, sah sie etwas erschöpfter und viel blasser aus. Ich fuhr ohne Kommentar weiter, bis zum nächsten Nothalt.

Einmal kam Ginnie zurück, schaute mit einem schelmischen Kleinkindergrinsen zu mir hoch und sagte: „Es hört sich vielleicht sehr kitschig an. Aber ‚das große C' bedeutet nicht Cancer. Das große C bedeutet Christus." Sie wollte keiner Krankheit erlauben, Macht über ihr Leben zu gewinnen. Der Krebs würde nicht die Oberhand behalten und zuletzt lachen. Weil Christus die Mitte in ihrem Leben werden konnte, konnte Ginnie dem Krebs, der Chemotherapie und selbst dem Tod ins Auge schauen. Indem sie diese Entscheidung traf, wurde sie frei von der Angst vor Krebs und von der Angst vor dem Tod.

Wenige Monate später wuchsen die Tumore in ihrem Körper, und es wurde Zeit, die Mitarbeiter vom Hospiz in ihr Haus einzuladen. Sie rief häufig bei mir am Arbeitsplatz an und sagte: „Sag deinen Patienten, in einem Hospiz geht's ums Leben."

Christus ist das große C. Hospiz bedeutet Leben. Diese Aussagen ignorieren nicht unsere Sterblichkeit. Sie stellen einfach Krebs und Tod in den richtigen Zusammenhang. In Christus und mit ihrem Haus als Hospiz war Ginnie klar, daß sie nie einsam und allein sein würde. Sie war frei zu leben und zu lachen.

In manchen griechischen Gemeinden kommen die Christen am Tag nach Ostern zusammen, um sich heitere Geschichten zu erzählen – zu Ehren der größten Freude, die Gott der Welt am Ostermorgen geschenkt hat.[5] Aber selbst der beste Humor nützt nichts und seine heilsame Wirkung geht verloren, wenn wir den Spaß nicht verstehen, wenn wir die Pointe nicht mitkriegen.

> Wenn aber dies Verwesliche anziehen wird die Unverweslichkeit und dies Sterbliche anziehen wird die Unsterblichkeit, dann wird erfüllt werden das Wort, das geschrieben steht: „Der Tod ist verschlungen vom Sieg."[6]

Ein Freund erzählte mir, daß in seiner Familie diejenigen den größten Sinn für Humor haben, die mit Krebs in Berührung gekommen waren. Das kann ich verstehen. Die krebskranken Kinder brachten mir Gelassenheit bei, lehrten mich zu lachen, wenn die Welt Tränen diktierte. Ein Junge verriet mir, daß er weiß: Wenn ich lache, hat er Hoffnung.

Wenn ich meine Hand an das Plastikfenster lege, das mich von Crumb-Bunny trennt, freue ich mich an ihrer Freude über mich. Wir lassen es nicht zu, daß unser Herz betrübt wird. Wir haben beide eine unheilbare Krankheit, sie und ich, und beide haben wir Grund zu hoffen. „Tod, wo ist dein Sieg? Tod, wo ist dein Stachel?" Sie kichert und ich kichere und wir teilen unsere Ausgelassenheit über Ostern. Wir beide verstehen Gottes größte Freude.

In Gottes Behandlungsteam

Ein Arzt ist uns gegeben,
der selber ist das Leben.
Ludwig Helmbold

Liebe Crumb-Bunny,
die Statistiken sagen, daß es für Dich keine Hoffnung gibt. Du wirst sterben, sagen sie, und daß all meine medizinischen Künste nichts nützen werden. Und gerade wegen dieser Statistiken strecke ich mich aus nach dem, was außerhalb des Gewohnten liegt, und die Spanne ist weiter, als mancher für möglich hält.

Ob Dr. Oma darum betet, daß Du gesund wirst? Das kannst Du ruhig glauben, Kleine. Ein sehr weiser Mensch hat unsere gemeinsame Reise, Deine und meine, einmal so zusammengefaßt: „Arbeite so, als ob alles von dir abhängt, und bete so, als ob alles von Gott abhängt." Deine Ärztin hält viel von dieser Kombinationstherapie.

Manche Menschen glauben, daß es Wunder nie gegeben hat. Andere glauben, es gab sie nur zu der Zeit, als die Bibel geschrieben wurde und danach nicht mehr. Wieder andere meinen, Gott tue seine Wunder nur unabhängig von medizinischen Eingriffen. Die Debatten sind endlos. Wenn Du mich fragst, so glaube ich, viele dieser Leute meinen es gut, aber sie wisssen selbst nicht genau, was sie eigentlich glauben.

Ich lebe nun schon zu lange und habe schon zu viel gesehen, um Dich in ein intellektuelles Schublädchen zu stecken. Weil ich hoffe, meine kleine Prinzessin, arbeite und bete ich dafür, daß du geheilt wirst.

Wieder eine dieser kollegialen, aber anstrengenden Konferenzen, auf denen Ärzte verschiedener Fachrichtungen schwierige Krebsfälle diskutieren. Diesmal ging es um ein Baby, Bethany – ein Fall, dessen Verlauf gegen alle Regeln der Kunst verstoßen hatte.

„Sind Sie sicher, daß Sie die richtige Diagnose gestellt haben?" fragte der Strahlentherapeut den Pathologen. „Soweit ich weiß, hat dieser Tumor noch nie so reagiert. Sie müssen sich irren."

„Ich irre mich nicht!" antwortete der Pathologe leicht empört. „Ich erkenne doch diesen Tumor, wenn ich ihn sehe."

„Naja, vielleicht wollen Sie sich ihn nochmal anschauen."

„Ich kann ihn mir gern nochmal anschauen, aber das heißt nicht, daß ich eine andere Diagnose stellen werde!"

Der Strahlentherapeut suchte weiter nach einer Erklärung für das Unerklärliche und wandte sich an den mitbehandelnden Chemotherapeuten. „Es muß wohl die Chemotherapie gewesen sein."

„Suchen Sie die Erklärung nicht bei uns. Wir haben nur eine geringe Dosis gegeben. Außerdem wuchs der Tumor im letzten Zyklus der speziellen Chemotherapie. Sind Sie sicher, daß nicht doch die Strahlentherapie ausschlaggebend war?"

„Auf keinen Fall. Ein solcher Tumor ist noch nie durch Bestrahlung verschwunden." Er wandte sich halb im Scherz an den Radiologen, der die Aufnahmen gesichtet hatte. „Sind das auch die richtigen Röntgenbilder?"

„Aber natürlich! Man sieht es doch durch einen Vergleich mit den alten: es ist derselbe Patient. Nur der Tumor ist weg."

„Das ist nicht zu fassen", wiederholte der Strahlentherapeut ein ums andere Mal.

Das Protokoll dieser Konferenz hielt lediglich fest, daß es keine medizinische Erklärung für das Verschwinden des Tumors gab. Die medizinischen Unterlagen verzeichneten keine weiteren Maßnahmen in diesem Fall.

In einer Kirche am Ort fasteten und beteten Zweiergruppen Tag für Tag für das Kind. Viele andere Freunde der Familie beteten darum, daß der Tumor verschwinden möge.

Wenn man heute das Wort „Heilung" im Zusammenhang mit Fragen der Gesundheit verwendet, so wird es unweigerlich in eine bestimmte Richtung ausgelegt, die wenig mit herkömmlicher Medizin zu tun hat. Vor einigen Jahren war ich mit einem ehemaligen Trappisten-Bruder zum Mittagessen in einem Kloster dieser Gemeinschaft. Vor dem Essen nahmen wir mit den Brüdern und anderen Gästen an einem Gottesdienst teil. Während der Gebetsgemeinschaft betete mein Begleiter „für meine Freundin Di und ihre Gabe der Heilung".

Beim Essen sprachen mich andere Gäste auf meine „Gabe der Heilung" an. Sie waren verblüfft, als sie erfuhren, daß ich Ärztin bin. Unter einer „Heilerin" stellten sie sich jedenfalls keine Ärztin vor. Ich persönlich sträube mich dagegen, überhaupt einen Menschen als „Heiler" zu bezeichnen. Ein Schild über einem Missionskrankenhaus faßt die Situation für mich treffend zusammen: „Wir behandeln. Jesus heilt." Ich arbeite einfach mit. Ich gehöre zu Gottes Behandlungsteam.

„Ich habe eine hervorragende Idee, wie man die Nebenwirkungen der Chemotherapie bei Francesca vermindern kann", verkündete ich stolz der Mutter einer kleinen Patientin. Monatelang waren die Blutwerte des Kindes nach einer bestimmten medikamentösen Behandlung gefährlich tief gesunken, und nun hatte ich eine Idee, wie man dieses Problem lösen konnte.

„Sie und Ihre hervorragenden Ideen!" tadelte mich die Mutter. „Ich habe mich mit einigen anderen Eltern unterhalten. Wir beten – und dann bekommen Sie Ihre hervorragenden Ideen. Das ist nicht Ihr Verdienst!" Francescas Blutwerte erreichten nie wieder den gefährlichen Bereich.

„Mein Wundermann" – so nannte ein Kardiologe einen Mann, den er dem Zugriff des Todes entrissen hatte. Tage zuvor, als ich auf der kardiologischen Station Mikes Familie und den Pastor meines Freundes traf, lag der „Wundermann" im Koma und so gut wie im Sterben. Während die Mitarbeiter der Station einen letzten Versuch unternahmen, sein Leben zu retten, beteten wir – gegen alle Wahrscheinlichkeit – um seine Genesung.

Eine Schwester wollte zu uns, aber der Arzt hielt sie zurück. „Stören Sie sie nicht", sagte er ruhig. „Sie beten." Genau diese Schwester rief eine Stunde später bei mir an und sagte. „Es ist ein Wunder. Der Schockzustand ist vorbei. Wir können es kaum fassen."

Die Familien, die ich hier beschrieben habe, haben ihre eigene Vorstellung davon, was Heilung ist. Aber was würde passieren, wenn ich ihnen in meiner Sprechstunde sagte: „Ich bin sicher, daß ich Ihr Kind heilen kann; ganz gewiß!"? Sie würden wahrscheinlich wegrennen und einen „richtigen" Arzt suchen. Patienten erwarten ein anderes Vokabular von einem Facharzt, der im Rahmen unseres Gesundheitssystems arbeitet. Aber all diese Familien haben nicht ihre ganze Hoffnung auf unvollkommene Wissenschaftler gesetzt.

Was geschieht, wenn Mike wieder einen Herzanfall bekommt? Wie wird Francescas Familie reagieren, wenn ihre Tochter in Zukunft nicht immer mit vollkommener Gesundheit gesegnet ist? Was werden alle, die für Bethany gebetet haben, denken, wenn sich herausstellt, daß es nur eine vorübergehende Besserung war, aber keine Heilung?

Sorgen mache ich mir um die Menschen, deren Glaube darauf beruht, daß sie es fertigbringen, Gott nach ihren Wünschen zu beeinflussen. Die Menschen, von denen ich hier erzähle, gehören nicht zu dieser Gruppe. Sie kennen auch Familien, deren Angehörige nicht überlebt haben, aber die trotz ihres Verlustes im Glauben die heilende Gegenwart Gottes erfahren haben. Und die Wege, die diese Menschen gegangen sind, machen die Welt zu einem wertvolleren Ort.

Die Menschen, von denen ich erzähle, haben eine Beziehung zu Gott gefunden, an der auch unvorhergesehene medizinische Ereignisse nichts ändern. In ihrem ganzen Leben zeigt sich das Wirken Gottes, denn sie sind selbst heil geworden.

Sind das nun die Wunder göttlicher Heilung oder die Wunder der modernen Medizin? All diese Familien waren davon überzeugt, daß auch ein geistliches Element eine Rolle spielte, wenn sich der Gesundheitszustand ihrer Angehörigen verbesserte. Gleichzeitig aber waren sie überzeugt vom Wert der modernen Medizin und befolgten selbstverständlich jeden vernünftigen medizinischen Rat. Für sie ist das keine Frage eines Entweder-Oder. Für mich ebensowenig.

Dicht bei der Frage, ob Gott heilt, liegt die Frage, warum Gott es zuläßt, daß Kinder leiden. Jesus wurde einmal von seinen eigenen Freunden gefragt: „Wer hat gesündigt, dieser oder seine Eltern, daß er blind geboren ist?"[1] Seine Antwort war ganz einfach: „Es hat weder dieser gesündigt noch seine Eltern." Die Eltern meiner Patienten quälen sich häufig mit unbegründeten Schuldgefühlen. Sie glauben, die Antwort darauf, warum ihre Kinder an Krebs erkranken, liege in dem „Wer". Und „Wer" ist schuld, wenn nicht sie selber?!

Jesus rührte einen Brei aus Lehm und Speichel an und strich ihn auf die Augen des Mannes, denn „es sollen die Werke Gottes offenbar werden an ihm."[2] Jesus machte aus dem „Warum" und dem „Wer" ein „Was". Ich denke, das sollte ich auch tun.

„Glauben Sie an Heilung?" fragte mich eine junge Mutter, und ich bin sicher, daß sie nicht wissen will, ob ich glaube, daß die Chemotherapie wirken wird, die ich gerade bei ihrem Kind angewandt habe. Wie andere Mütter auch fragt sie sich, warum ausgerechnet ihr Kind Krebs hat und ob sie nicht selbst irgendwie schuldig ist.

Ich lasse das Warum und das Wer hinter mir und überlege, was ich ihrem Jungen bieten kann – aus Sicht der heutigen Medizin, aber auch von Gott her. Ich weiß, die Chemotherapie hat nicht allen Kindern geholfen, aber doch vielen. Ich kann ihr doch nicht deswegen für ihren Sohn davon abraten, weil sie nicht in jedem Fall erfolgreich war. Dasselbe gilt fürs Beten.

Ich werde nicht damit aufhören, für die Heilung ihres Sohnes zu beten, auch wenn andere Kinder gestorben sind, für die ebenfalls gebetet wurde. Ich habe zu oft erlebt, was niemand mehr erwartet hätte. Auch werde ich Gott nicht bitten, eine klare Trennlinie zwischen meiner Arbeit und seiner zu ziehen. Meine Arbeit ist ebensogut auch seine. Aber ich rate Naomi – und auch ihrem Mann, alle Bereiche ihres Lebens, nicht nur den Tumor ihres Kindes, in Gottes Hand zu legen.

Als Ärztin arbeite ich, so gut ich kann, in einem Beruf mit einer Geschichte, die Vertrauen rechtfertigt. Als Christin bete ich, so intensiv ich kann, in einer religiösen Tradition, die ich für ebenso vertrauenswürdig halte. Denn es gibt Kinder, die einfach Heilung brauchen. Wir brauchen sie alle.

Schönheit durch Abglanz

Schön ist eigentlich alles,
was man mit Liebe betrachtet.

Christian Morgenstern

Liebe Crumb-Bunny,
von Deiner Lebensinsel aus lächelst Du einladend und zufrieden, wenn ich an Deinem Fenster erscheine. Du streckst Dein Patschhändchen nach mir aus, dann spielst Du wieder mit dem Kassettenrekorder. Das Lied ist zu Ende, Du holst die Kassette heraus und dröselst das Band auf. Dann lachst Du und suchst in den Augen Deiner Mama nach Zustimmung.

Seit dem Tag, an dem Deine Behandlung begann, bist Du ein ausgesprochen vielbeschäftigtes Baby. Die Besuchstage hier in der Klinik waren immer vollgestopft. Du warst beschäftigt mit Essen, Schlafen, Flirten und damit, eines Deiner vielen kleinen Modellkleider vorzuführen.

Ich glaube, Du wußtest schon, bevor Du auf die Welt kamst, daß Du ein Mädchen wirst. In Deinem Kleiderschrank hast Du bestimmt für jeden Tag ein anderes Kleid. Ob Du jemals zweimal dasselbe anhast? Ich glaube, Du wirst ein wenig eitel sein, wenn Du größer bist. Eitel vielleicht, aber sehr hübsch. Aber Du bist ja ein Baby, und so erlauben wir Dir diese berechtigte Eitelkeit!

Aber zum Thema Schönheit gibt es noch mehr zu sagen, meine kleine Freundin. Du gehörst zu einer Familie, die von innen heraus schön ist. Lerne, soviel Du nur kannst, solange Du bei Mama und Papa bist. Wenn Du das tust, mein Schatz, wirst Du wirklich schön sein.

Wissen Sie, es hängt alles vom Make-up und der richtigen Beleuchtung ab“, meinte der Photograph, der sein Objekt dazu bringen wollte, sich vor der Kamera zu entspannen. „Außerhalb des Studios würden Sie selbst die meisten Top-Models nicht wiedererkennen." Das „Life"-Magazin hatte ihn zu mir nach Hause geschickt, damit er eine Akademikerin mittleren Alters in brauchbares Bildmaterial verwandelte.

Ich zog den Kragen meines Kleides zurecht, um mein Doppelkinn zu verstecken. „Machen Sie sich deswegen keine Gedanken", ermutigte er mich. „Ich kann das hinterher 'rausnehmen." Er war sichtlich erleichtert, als mein Yorkshire-Terrier auf meinen Schoß kletterte. Zur Freude des Photographen setzte sich Ashley in Pose, ohne daß ihm jemand beibringen mußte, wie man das macht. „Der ist ja stark!" rief der Photograph und beeilte sich hinzuzufügen: „Sie sind aber auch nicht schlecht."

Wir kamen schließlich auf weltberühmte Schönheiten zu sprechen. Die meisten schönen Frauen machen es anderen Leuten, die mit ihnen auf demselben Photo zu sehen sind, schwer, denn der Vergleich mit ihnen ist eine vernichtende Niederlage für die anderen. Es gibt aber auch Menschen, die nicht nur selber schön sind, sondern auch andere gut aussehen lassen. Sie besitzen eine Art von Schönheit, die so angenehm ist, daß sie ihre Begleiter in unseren Augen vorteilhaft zur Geltung bringt.

Schließlich rief der Photograph: „Alles im Kasten!", und er erläuterte seinem Assistenten, welche Filme er mit einem Stern kennzeichnen sollte. Das waren die Aufnahmen, auf denen der Hund am besten getroffen war. Hoffentlich hatte Dr. Di auch etwas Abglanz von dieser Schönheit abbekommen.

Diese „Schönheit durch Abglanz" ist etwas, das ich jeden Tag in der Klinik sehe, wo die Schönheit des Körpers so offensichtlich durch Krankheit und durch die Behandlung in Mitleidenschaft gezogen ist. Es gab einmal ein Plakat in unserer Klinik mit der Aufschrift: „Bald is beautiful" („Kahl ist schön"). Und vor Jahren gab es ein anderes mit den Worten: „Danke, Kojak". Heute verehren wir Michael Jordan.

Eine meiner Vierjährigen sagte einmal: „Nur das, was in einem Menschen drin ist, das zählt." Sie wußte, wie hübsch sie war, und ließ einen (wenn man nett zu ihr war) ihren glänzenden kahlen Kopf streicheln.

Wenn eine Kopfbedeckung nötig wird, ist eine modische Mütze

eine beliebte Alternative für die Kids. Die Mutter einer Patientin entwarf aus einem Stoffrest eine Eisenbahner-Kappe für ihre Tochter. Bald hatte jedes Mädchen in ihrer Schule einen ähnlichen Hut. An dieser Schule setzte Barbara die Maßstäbe für Schönheit. Als ihre Behandlung längst abgeschlossen war und ihre Haare nachwuchsen, trugen sie und ihre Klassenkameradinnen noch immer diese Kappen.

Je mehr Zeit ich mit diesen Kindern verbringe, desto ansteckender finde ich ihre Schönheit, die von innen kommt. Es hat auch einen Vorteil, wenn jemand keine Haare hat – die Augen ziehen sofort unseren Blick auf sich und werden zum Hauptmerkmal.

Die Augen sind unweigerlich „sprechend" und spiegeln das Herz und den ganzen Gesundheitszustand wider. Auch wenn das Haar längst nachgewachsen ist, sind es immer noch die Augen meiner Patienten, die mich zuerst ansprechen. Und für die Patienten sind die Augen des Arztes ebenso wichtig. Wenn es darum geht, abzuwägen, wieviel Wahrheit und wieviel Hoffnung wir mitteilen, lesen sie eher in unseren Augen als in unseren Worten.

Vor einigen Jahren erklärte ich einem Vater, daß seiner vierjährigen Tochter die Haare ausfallen würden. Er fragte, ob es nicht besser wäre, ihre Leukämie nicht zu behandeln und sie einfach sterben zu lassen. Jetzt, fünfzehn Jahre danach, studiert sie bereits, die Leukämie wurde geheilt. Noch immer sehe ich zuerst ihre Augen; ihr Haar nehme ich kaum wahr. Naja, ich weiß schon, daß es da ist, vollständig nachgewachsen, aber ich wäre ziemlich ratlos, wenn ich sagen sollte, welche Farbe es hat. Aber ihre Augen, ja ihre Augen sind schelmisch blau, umrahmt von langen glänzenden Wimpern. Sie schaut mich ganz offen an und fordert mich heraus, ihre Seele zu ergründen.

Viele Ärzte gestehen freimütig, daß sie andere Fachgebiete der Medizin gewählt haben, weil sie nicht so eng mit dem Leiden von Kindern in Berührung kommen wollen. Sie fürchten, daß man als Kinderarzt ständig Angst hat um die Gesundheit der eigenen Kinder. Sie wissen, daß auch Kinder schon leiden und sterben. Manchmal haben sie Angst davor, was passiert, wenn eins dieser Kinder ihnen mitten ins Herz schaut.

So gehen viele junge Ärzte davon aus, daß unsere Kinderkrebs-Ambulanz der deprimierendste Bereich ist, den sie während ihrer Ausbildung durchlaufen. Die meisten sind nicht darauf eingestellt, daß sie gerade hier eine Gelegenheit erhalten könnten, selbst schönere Menschen zu werden. Manche Kinder gehen unverblümter vor als andere, wenn es darum geht, die ungeschliffenen Menschen zu veredeln, von denen sie medizinisch betreut werden. Ich warnte den Assistenzarzt, bevor wir bei Marnie klopften, um zu sehen, ob sie für die Untersuchung fertig war.

„Wie oft muß ich Ihnen das denn noch sagen?!" Marnie schüttelte mißbilligend den Kopf über mich. „Sie benutzen die falsche Tönung für Ihr Haar. Man kann das Grau immer noch sehen. Sie haben absolut keinen Grund, so alt auszusehen."

„Aber Marnie, ich bin so alt. Eine Frau mittleren Alters zu sein, ist keine Krankheit", protestierte ich lahm.

„Sie führen sich nicht alt auf. Warum sollten Sie so alt aussehen?" erwiderte dieser vorlaute Teenager. „Graue Haare sind etwas für Leute wie meine Mutter."

„Mutter zu sein ist ebensowenig eine Krankheit. Im übrigen bin ich älter als deine Mutter."

„Wenn ich das nächste Mal komme, erwarte ich von Ihnen, daß kein einziges graues Haar mehr zu sehen ist." Das war ihr letztes Wort. Es ist schrecklich, in die Hände eines lebendigen Teenagers zu fallen.

Marnie selbst ist ein hübsches Mädchen. Sie hat einen Weg gefunden, konstruktiv mit den Veränderungen umzugehen, die die Chemotherapie an ihrem jungen Körper anrichtet. Eine sorgfältig ausgesuchte Perücke verbirgt, daß ihr Kopf kahl ist, und das geschickt aufgetragene Make-up bringt ihre hübschen Züge vorteilhaft zur Geltung. Sie wird ungeduldig mit mir, wenn ich meine geteilte Brille trage statt Kontaktlinsen und meiner Schreibarbeit mehr Aufmerksamkeit widme als meinem Äußeren.

Diese selbstbewußte junge Dame, die alle fröhlich begrüßt, wenn sie zur Chemotherapie kommt, ist ein ganz anderer Mensch als der Teenager, der vor Monaten vor mir stand. Die Diagnose Krebs und deren Folgen führten dazu, daß eine Traurigkeit zum Durchbruch kam, die sie schon seit Jahren mit sich herumgetragen hatte.

Ironischerweise wurde unsere onkologische Klinik der Ort, an dem ihr Schönheit durch Abglanz zuteil wurde.

Krebspatienten fachgerecht zu betreuen beinhaltet mehr, als wissenschaftliche Prinzipien und Behandlungsmethoden anzuwenden. Wir hatten zum Glück in unserem Team eine Schwesternhelferin, die in allen Kindern, die mit ihr in Berührung kamen, die Schönheit hervorlockte. Esther hielt so manchen Teenager im Arm, während wir Knochenmarks- und Lumbalpunktionen durchführten.

„Du bist mein Baby“, hörte ich sie säuseln. „Wenn ich dich festhalte, kann dir nichts passieren.“ Solange Esther bei uns arbeitete, brauchten wir selten starke Beruhigungsmittel, um diese Tests durchzuführen. Wenn Marnie mir etwas Schmerzhaftes mitteilen mußte, waren es Esthers Arme, die ihr Sicherheit gaben, während sie sich mir anvertraute.

Als Marnie anfangs zu uns kam, wußte sie überhaupt nicht, wie schön sie von innen war. Unter Esthers Anleitung lernte sie, wie wertvoll sie war. Diese innere Schönheit strahlt sie nun aus und berührt damit jeden aus unserer Großfamilie, der das Glück hat, ihr zu begegnen.

Verheddere ich mich in Widersprüchen, wenn ich gleichzeitig von körperlicher und von innerer Schönheit rede? Ganz und gar nicht. Bei einer krebskranken Frau wie Marnie müssen wir manchmal den Sinn für körperliche Schönheit wieder wecken, bevor die Schönheit des Herzens durchschimmern kann. Programme wie „Look Good – Feel Better“ (Fühlen Sie sich besser durch besseres Aussehen), die die Amerikanische Krebsgesellschaft durchführt, lassen aus Trümmern Schönheit, aus Nebenwirkungen Selbstachtung entstehen. Mehr als die meisten anderen Frauen lernen unsere Patientinnen, daß Schönheit nicht an der Hautoberfläche endet.

Im gewissen Sinne erfahren alle Krebspatienten eine Art „Wiedergeburt“. So oft höre ich von ihnen den biblischen Satz, sie hätten „vom Tod zum Leben gefunden“. Oftmals kommen meine Patienten an einen Punkt, an dem sie so verletzlich sind, wie sie es nicht einmal bei ihrer Geburt waren. Und die meisten werden so kahl, wie sie auf die Welt gekommen sind.

An uns, die wir um sie herum sind, müssen sie erkennen, wie sie in dieser Welt angesehen und eingestuft werden. Wenn es sinnvoll ist, Crumb-Bunny zu erzählen, wie schön sie ist, und der berechtigten Eitelkeit eines Babys Nahrung zu geben, dann hat eine krebskranke Frau das nicht weniger verdient. Ob man nun über eine glänzende Glatze streichelt oder sich über ein dichtes neues „Fell" freut – schon allein die Berührung kann jemanden hübsch machen.

Aber wie können wir, die Gesunden, schön werden? Wir können uns die Menschen aussuchen, die uns beeinflussen dürfen, diejenigen, die uns die tiefgründigsten Lektionen des Lebens beibringen. Aber darin steckt das Risiko. Jesus formuliert es so: „Wer sein Leben findet, der wird's verlieren; und wer sein Leben verliert um meinetwillen, der wird's finden."[1]

Wenn wir herausfinden wollen, worum es im Leben geht, sollten wir nicht vor denen weglaufen, die unsere Vorstellung vom Sinn des Lebens in Frage stellen. Für mich waren das die krebskranken Kinder. Für Sie mag es eine andere lebensrettende, liebende Umarmung geben.

Jesus sagt: „Glücklich sind die, die ihren Anteil am Schmerz der Welt tragen: am Ende werden sie größeres Glück erleben als die, die davor zurückschrecken."[2] Es bereitet mehr Schmerz, unseren „Sicherheits"-Abstand zum Leiden einzuhalten, als sich mitten hineinzubegeben. Je näher ich diesen Kindern komme, desto eher werde ich von ihrer Ausstrahlung verwandelt. Ich hoffe, daß ich eine sehr schöne Frau sein werde, wenn ich einmal pensioniert werde.

Welche Farbe hat der Schmerz?

Gott flüstert in unseren Freuden . . .
in unseren Schmerzen aber ruft er laut.
Sie sind Sein Megaphon, eine taube Welt aufzuwecken.
C. S. Lewis

Liebe Crumb-Bunny,
heute ist kein guter Tag für Dich. Dein Mund hat Blasen von der Chemotherapie, und Dein kleiner Po ist so wund, daß Du wimmerst, wenn Du Pipi machen mußt. Ich hasse es, Dich so weinen zu sehen.

Dein Elend läßt mich an all die schmerzhaften Tests denken, die ich im vergangenen Jahr mit Dir durchführen mußte. Du hast schon ängstlich Dein kleines Gesichtchen verzogen, sobald Du mich ins Zimmer kommen sahst. Ich denke an die vielen Strategien, die mir helfen, mit Deinen Schmerzen umzugehen, und was mich eigentlich davon abhielt, aus dem Zimmer zu laufen.

Ich stelle mich Deinen Schmerzen, indem ich meine Mediziner-Pose einnehme, die Morphindosis anhand meiner Skala bestimme, darauf warte, daß die Wunden heilen. Ich weiß, daß diese Schmerzen irgendwann vorbei sind, genau wie die Knochenmarks- und die Lumbalpunktionen. Aber weißt Du das auch?

Deine Mutter ist immer zur Stelle, wenn ich etwas tun muß, was Dir wehtut. Wir unterhalten uns und denken mehr daran, wie wichtig der Test ist, als daran, was es im Moment bedeutet, ihn durchzuführen. In einigen Jahren, wenn Du in Sicherheit bist, werden wir es nicht mehr nötig haben, dieses Reden und Lachen. Aber heute mußt Du (und müssen wir) da durch.

Du wimmerst im Schlaf, und ich möchte Dir die Schmerzen endgültig nehmen, sie von diesem Planeten schleudern. Welche Farbe, glaubst Du, hat der Schmerz?

In unserer Kinderklinik scheint alles Schmerzhafte relativ zu sein, und jeder von uns hat seine eigene Art, damit umzugehen. Die meisten unserer jungen Freunde sind sich völlig im klaren über die Rangordnung schmerzhafter Maßnahmen. Es gibt Blutabnahmen und es gibt Lumbalpunktionen. Und außerdem gibt es die gefürchtete Knochenmarkspunktion. Die hat niemand gern.

Tauche einen Pinsel in einen Eimer Farbe von einem solch tiefen Rot, wie du dir nur vorstellen kannst. Tomatenrot ist nicht schlecht. Oder Karminrot. Aber Blutrot, ah ja, besonders Blutrot wäre prima geeignet.

Mit dem Schwung deines Pinsels oder der Intensität der Farbe darfst du nicht knauserig sein, wenn es richtig anschaulich sein soll. Drakulablutrot. Laß deinen Pinselstrich da beginnen, wo der Hüftknochen mit dem Steißbein verbunden ist, führe ihn dann schwungvoll zum Schenkelknochen und schwinge in strahlendroten Kreisen vor und zurück.

Das ist der Schmerz, um den es geht. Wenn wir von den Schmerzen einer Knochenmarkspunktion reden, sollten wir es so anschaulich wie möglich tun, wenn wir bei der Wahrheit bleiben wollen. Schmerz kann in Worten ausgedrückt werden, manchmal auch in Farben. Bei starken Schmerzen sehen Kinder Rot.

Gerade die, deren Aufgabe es ist, Schmerzen bei Kindern zu vermeiden oder zu lindern, müssen besonders gut verstehen, wie Kinder Schmerz zum Ausdruck bringen. Wir dürfen nicht einfach davon ausgehen, daß sie die Sache so sehen wir wir.

Kinder denken selten an Medikamente als Mittel gegen Schmerzen im Sinn von Ursache und Wirkung. Ihre Hoffnung auf ein Nachlassen des Schmerzes ruht auf persönlicheren Überlegungen. Psychischer Schmerz läßt sich nicht einfach vom körperlichen Schmerz einer medizinischen Behandlung trennen.

Wenn wir in Lehrveranstaltungen über Schmerzen reden, gilt der Grundsatz: „Schmerz ist so, wie ihn der Patient beschreibt."

Als Ärztin, die Kindern manchmal Schmerzen zufügen muß, bin ich verpflichtet, das ganze Ausmaß des Schmerzes, Länge, Breite und Höhe, aus der Sicht eines Kindes zu verstehen. Ich muß versuchen, mich in ihre Lage zu versetzen, wenn ich ihnen wirklich helfen will, die Schmerzen auszuhalten.

Für ältere Kinder und Erwachsene kann es hilfreich sein, wenn sie anhand einer Skala ausdrücken können, wie groß der Schmerz ist. „Wo würden Sie", fragen wir, „auf einer Skala von eins bis zehn Ihren derzeitigen Schmerz einordnen?" Eins bedeutet keine Schmerzen und zehn die schlimmsten Schmerzen, die man sich vorstellen kann. Wenn ich vier Jahre alt wäre, läge jedes Unbehagen bei zehn. Wir nennen solche Kinder unsere Sarah Heartburns, und wir kennen mehr als nur ein paar kleine Sarahs.

Sarah kommt tränenüberströmt und seeeeeeehr langsam in den Behandlungsraum. Sehr naive Eltern oder ein frischgebackener junger Arzt würden auf die tausend fast-logischen Ausflüchte hereinfallen, die sie auf dem Weg zu uns vorbringt, aber wir haben schon längst unsere Arglosigkeit verloren. Sarah weiß das. Also hebt sie sich ihren Trumpf für später auf.

„Ah, Sarah!" begrüße ich sie, triefend vor Freundlichkeit. „Hüpf gleich hier hoch." Sie hat ihre Lieblingsdecke zernagt, so daß sie ganz zerschlissen ist. Also tauscht ihre Mutter sie schnell gegen Alternative Nummer Zwei aus ihrer großen braunen Tasche aus. Unsere Schwesternhelferin Esther hebt das Kind auf den Untersuchungstisch, und Sarah läßt ihr nächstes kleines Hinhaltemanöver vom Stapel. Ich wage nicht zu riskieren, daß sie mitbekommt, wie ich auf die Uhr schaue, sonst bin ich erledigt.

Ich ziehe die Handschuhe über und reibe Sarahs Rücken jodbraun ein. Ich bin startbereit, die Spritze mit dem betäubenden Lidocain ist schon gefüllt und aufgezogen. Sarah murmelt: „Ich muß mal Pipi."

Ich muß kichern und Sarahs Ton wird scharf. „Da gibt's nichts zu lachen. Ich muß ‚wirklich'." Zu spät versuche ich, eine zweite Welle Gekicher zu unterdrücken, die in mir hochsteigt, aber sie hört es und läßt einen warmen Strom goldener Rache fließen.

Esther nimmt die nasse Unterlage und Sarahs Unterwäsche weg. Die Mutter tippt vielsagend auf ihre Tasche, in der sie immer frische Wäsche für ihr Kind mitbringt. Als ich neue Handschuhe überstreife, um wieder anzufangen, warnt mich Sarah: „Vergiß nicht, eins-zwei-drei zu zählen!" Kontrolliere den Kontrolleur, und du kontrollierst den Schmerz.

Ein Teil von Sarahs Schmerz besteht aus der Traurigkeit, mit der ihre Mutter der Prozedur entgegensieht. Eltern fürchten die möglichen Testergebnisse genauso wie die Instrumente, die in die zarte Haut ihrer Kinder dringen. Eine wertvolle Lektion über die wirklichen physischen Schmerzen einer Knochenmarkspunktion lernten wir vor einigen Jahren.

Einer unserer Partner plante ein Forschungsprojekt, für das er eine kleine Menge Knochenmark von gesunden freiwilligen Spendern benötigte. Eine MTA meldete sich häufig. Sie wurde für ihre Schmerzen anständig bezahlt und schien immer wieder geneigt, nochmal zu spenden.

Unsere Spenderin konnte die Kontrolle über diesen Eingriff behalten, weil sie die Gewißheit hatte, daß die Knochenmarksentnahme nicht den Rest ihres Lebens bestimmen und ausfüllen würde. Sie machte sich keine Sorgen, wie ihr Knochenmark unter dem Mikroskop aussehen würde, ob die Leukämie wieder ausgebrochen war. Ihre Hoffnung lag in ihrem Honorar, nicht im Untersuchungsergebnis. Sie war nicht in Gefahr. Sie war in Sicherheit und hatte alles unter Kontrolle – und so hätten wir unser Leben am liebsten.

Es gehört zu meinen Aufgaben, daß ich häufig Zweit-Gutachten für Eltern abgeben muß, deren Kinder in anderen Kliniken behandelt werden. In den weitaus meisten Fällen sind die Empfehlungen des ersten Arztes vollkommen in Ordnung, und ich frage mich, warum die Eltern von so weit hergereist kommen, um eine Antwort auf ihre Fragen zu erhalten.

Sie nehmen diesen weiten Weg auf sich, um ihren Schmerz loszuwerden. Manchmal erleichtert es sie schon, daß ich ihre Fragen geduldig beantworte: „Warum wurde diese Untersuchung gemacht? Mein Sohn hatte solche Angst allein in diesem kalten Raum. Warum verabreicht man einem so kleinen Kind so starke Medikamente?“ Indem ich anerkenne, daß sie ein Bedürfnis und ein Recht darauf haben, die Fakten zu kennen, fülle ich einen tiefen Abgrund, den vorher der Schmerz gefüllt hat. Und allmählich sehe ich Erleichterung in ihren Gesichtern. Allerdings nicht bei allen Eltern.

Manche Eltern versuchen, ihren Schmerz zu lindern, indem sie jemanden suchen, der ihnen die Ungewißheit nimmt. Die Reaktion einer Mutter, für die die seelische Belastung enorm war, half mir, das deutlicher zu sehen.

Zuerst glaubte man, Susans Tochter hätte ein Form von Krebs, die mit hoher Wahrscheinlichkeit tödlich verläuft. Wäre diese Diagnose richtig gewesen, hätte Tiffany eine Operation, Chemotherapie und in regelmäßigen Abständen Bestrahlung gebraucht. Diese Behandlung wäre hart, aber sehr wahrscheinlich erfolgreich gewesen.

Nun hatte Tiffany aber vermutlich keinen Krebs, sondern wahrscheinlich eine gutartige Krankheit, die genausogut auch von alleine verschwinden konnte. Man würde die Operation, Bestrahlung und Chemotherapie erst einmal zurückstellen und wahrscheinlich nicht brauchen. Nachdem sie mehrere Monate mit dieser hoffnungsvollen, aber ungewissen Situation gelebt hatten, gestand Susan mir ein, daß sie regelrecht eifersüchtig war auf die Eltern, deren Kinder Krebs hatten.

Sie wünschte (fast), ihre Tochter hätte eine Art von Krebs, über die man aber wenigstens sicher war, anstelle einer ungewissen Zukunft. Es wäre sogar einfacher zu wissen, daß Tiffany sicher sterben würde, als nicht zu wissen, wie die Geschichte ausgehen würde.

Sie hatte keine Kontrolle über die Zukunft ihrer Tochter, über ihre eigene Angst. Sie sah rot. Sie suchte jemanden, der alle Antworten auf die Fragen nach der Krankheit ihrer Tochter wüßte. Dann, und nur dann, könnte sie anfangen, die Kontrolle wiederzugewinnen, ihre Lektionen über Vertrauen und Ungewißheit zu lernen und auch ihren Schmerz loszulassen.

Alle echten Beziehungen zwischen Menschen, sei es zu einem engen Freund oder einem klugen Arzt, können nur ein Hinweis darauf sein, wie man mehr Vertrauen gewinnen kann. Ein weiser Mensch hat dazu gesagt: „Verlaß dich auf den Herrn von ganzem Herzen, und verlaß dich nicht auf deinen Verstand, sondern gedenke an ihn in allen deinen Wegen, so wird er dich recht führen.“[1]

Solange wir die Antworten bei uns selbst oder bei anderen suchen, um unsere Schmerzen zu lindern, werden wir immer wieder in die Angst vor der Ungewißheit zurückfallen. Im Vertrauen liegt eine Spannung, das Wissen, daß wir es lernen müssen, zu vertrauen und selbst vertrauenswürdig zu sein. Ich bin zwar Ärztin, aber ich bin auch nur ein Mensch mit nicht viel mehr Gewißheit als Susan. Wir alle, Eltern wie Ärzte, müssen jemanden finden, der unseres Vertrauens würdig ist – besonders dann, wenn die Zukunft ungewiß ist.

Während ich darüber nachdenke, was Schmerzen bedeuten, erinnere ich mich an ein junges Elternpaar, denen es fast das Herz brach, als sie die Diagnose, die Chancen für ihr Kind und die damit verbundenen Umstellungen für ihre Zukunft hörten. Aber dieses Ehepaar, Crumb-Bunnys Eltern, hat den Schmerz bewältigt, sie haben gekämpft. Sie wappneten sich mit Notizheften, Kassettenrecorder und Telefon – die Waffen der Eltern auf den Kriegsschauplätzen der Medizin. Es gab Zeiten, in denen ich ihren Fragen kaum noch gewachsen war. Aber dann machte ich mir klar, daß hier tatsächlich eine Schlacht stattfand. Ich hatte Hunderte von Patienten zu betreuen, aber sie hatten nur ein einziges überlebendes Kind. Sie sollten ihren guten Kampf kämpfen. „Dieses eine Mal, Di, sei ein einfacher Soldat, und kein General."

Die meisten Eltern, die zu mir kommen, sind wie dieses junge Paar, und das ist gut. Sie beherrschen die Kunst, Anwalt für ihre Kinder zu sein, so daß eine gute Verbindung zu den Ärzten entsteht und auch ihre Beziehungen zu anderen enger werden. Nur gelegentlich gibt es auch Eltern, die anders sind. Keine Kämpfer, sondern Ausreißer, die selbst vor den unvermeidlichen Schmerzen davonlaufen.[2]

Cindy erzählte mir die Krankheitsgeschichte, anscheinend ohne zu bemerken, daß ihr Sohn inzwischen mein Büro ruinierte. Ihr Mann unterbrach sie häufig, um sie zu korrigieren; es waren immer völlig nebensächliche Dinge. Mutter und Vater redeten gleichzeitig und wetteiferten um meine Aufmerksamkeit, gerade so wie ihr Sohn – unbeachet – um die ihre warb. Während seine Eltern gleichzeitig Monologe hielten, war Rickie damit beschäftigt, seinen Schmerz mit einem roten Filzstift auf meinen Aktenschrank zu schreiben, und zwar in Form von Schimpfwörtern, die ein vierjähriges Kind eigentlich nicht einmal sprechen können sollte.

Es gab nur zwei Punkte, in denen die Eltern sich einig waren. Der Zorn loderte nur so aus Cindy heraus, als sie auf den ersten Kinderarzt zu sprechen kam: „Dieser Dr. Allwissend!" zischte sie. „Er glaubt, er sei allmächtig!"

Jack löste den eisernen Griff, mit dem er seinen Aktenkoffer umklammerte, und nickte lebhaft, das erste Zeichen einer echten Zustimmung für seine Frau. Ihr gemeinsamer Haß auf diesen Mann, der schwache Kitt, der ihre zerbrechliche Ehe zusammenhält, ist ihr einziger Antrieb zum Gespräch. Vor der Krankheit war es das Kind, das die Familie noch zusammenhielt.

Jetzt, wo Rickies Leben in Gefahr ist, kämpfen sie darum, ihr Gleichgewicht nicht zu verlieren. An diesem Tag hatten sie sich schon durch Hunderte von Kilometern gekämpft, um in mein Sprechzimmer zu gelangen. Wenn ich jetzt ihren Zorn nicht anfache, bedeutet das, daß ich sie mit weniger wegschicken werde, als sie erwartet hatten.

Jack öffnete seinen Aktenkoffer. Seine Stimme wurde ein wenig sanfter, während er mir seine Opfergabe präsentierte – einen Stapel von Veröffentlichungen über die Krankheit seines Sohnes, alle aus meiner Feder. „Sie haben alles Wissenswerte darüber geschrieben", flehte er, während er nach der Hand seiner Frau tastete. „Sie sind die höchste anerkannte Autorität."

Ich kämpfte mit der Versuchung, ihnen ihren Schmerz auf diese Weise abzunehmen, so schnell, so leicht. Irgendwie mußte ich sie überzeugen, daß ihr Sohn die bestmögliche medizinische Versorgung bekommen würde, ohne damit dieses Opfer vor dem Altar meines Ego anzunehmen. Was sie von mir erwarteten war nicht weniger, als daß ich eine glaubwürdigere Imitation Gottes abgeben würde als der erste Arzt.

„Es ist wieder einer von diesen trüben Tagen, an denen ich mich aufmache nach Morija, um einer neuen Sarah, einem neuen Abraham und Isaak zu begegnen."[3] Dieser neue Isaak wird überleben – das habe ich schon aus der Krankengeschichte entnommen – , aber wird auch seine Familie überleben? Wenn ich nicht in ihren Zorn einstimme, werden sie sehr wahrscheinlich einen dritten zerbrechlichen Punkt der Übereinstimmung finden. „Ärzte halten immer zusammen“, werden sie sagen. „Kann man etwas anderes erwarten?“ Darin werden sie sich einig sein. Dafür und nur dafür wird Jack die Hand seiner Frau suchen. Sie werden meine Motive mißverstehen, wenn ich ihnen nahelege, daß sie ihren Zorn ansehen müssen, wenn sie den unerträglichen Schmerz loswerden wollen.

In „Fenster in den Himmel“ habe ich einen Prolog geschrieben, einem Erlebnis eines sterbenden Kindes nachempfunden, das eine Vision von Engeln hatte.[4] Aber heute sind es nicht die Stimmen von Engeln, die ich höre. Vielmehr ist es die Unterbrechung desselben Prologs durch die Stimme des Versuchers.

„O eitler Staub! Hoffärtige Atome!“ beschwert sich Mephistopheles.[5] Der Meister des Bösen ist gelangweilt. Die Menschheit ist so verkommen, daß es niemanden mehr gibt, den es sich zu versuchen lohnt. Aber dann erfährt er von Faust und Margarete, plant ihren Untergang als Mann und Frau, als Liebende, als Eltern. Faust verkauft seine Seele für seine Jugend, Margarete ermordet ihr Kind.

Faust und Margarete, Abraham und Sarah, Cindy und Jack, Dr. Di und ihr Arzt zu Hause – der Satan hält uns alle zum Narren. Ich entdecke, wie er sich anmaßend einmischt, immer wenn ich vor dem Berg Morija stehe. Vor zweitausend Jahren ließ sich das gleiche höhnische Lachen auf einem anderen Berg vernehmen – und wurde zum Schweigen gebracht.

> Und der Teufel sprach zu ihm: „Alle diese Macht will ich dir geben und ihre Herrlichkeit; denn sie ist mir übergeben, und ich gebe sie, wem ich will. Wenn du mich nun anbetest, so soll sie ganz dein sein.“ Jesus antwortete ihm und sprach: „Es steht geschrieben: Du sollst den Herrn deinen Gott, anbeten und ihm allein dienen.“[6]

Das erste Gebot lautet immer noch: Habt keine anderen Götter außer Gott. Auf dem Berg Morija geht es für uns darum zu lernen, was das bedeutet – in unseren Familien, in unserer Zeit, in unseren Traditionen. Auf Morija sind wir ganz allein mit Gott.

Cindy und Jack sind auch nur Menschen. Und wie Abraham leiden sie wie Menschen. Die Lektion von Morija erscheint unmenschlich, grausam. Es tut mir weh für die beiden wichtigsten Menschen im Leben des kleinen Rickie. Es scheint barmherziger, ihre Qual zu beenden, das Opfer anzunehmen mitsamt dem Ruhm und der unbeschränkten Autorität, die sie mir zuerkennen.

Aber statt dessen muß ich zugeben, daß auch ich nur ein Bündel „hoffärtiger Atome“ bin. Ich muß sie abweisen, wenn ich ihnen wirkliche Heilung für ihren Schmerz anbieten will. Mir fallen Worte ein, die jedem von uns gelten, der mit seinem Schmerz nicht fertig wird: „Kommt zu mir, alle die ihr mühselig und beladen seid, ich will euch erquicken.“[7] Das sind nicht die Worte eines Halbgottes in Weiß. Es ist eine Einladung durch Jesus Christus.

Auch wenn sie die Hölle auf Erden durchmachen – Cindy und Jack haben die Chance, ihre Flucht zu beenden. Abraham glaubte Gott und es wurde ihm zur Gerechtigkeit gerechnet. Margarete und Faust bereuten, und Mephisto war der Verlierer. Im Epilog klingt uns der Chor der Engel, der süße Ton der Erlösung, wieder im Ohr.

Als Sarahs Ergebnisse vorliegen, kehre ich mit der guten Nachricht in den Behandlungsraum zurück, daß Sarah auf dem Weg der Besserung ist. Das Knochenmark war proppenvoll von kräftigen normalen Blutzellen, die gegen Infektionen angehen und ihre blauen Flecken heilen können. Nicht eine einzige leukämische Zelle in Sicht.

Sarah hört mir zu, spielt Desinteresse vor, schnieft und lächelt. Wortlos gibt sie ihrer Mutter die Erlaubnis, die zurückgehaltenen Tränen laufen zu lassen, die ihren Schmerz lindern. Mama tupft beiden die Augen ab, und schnieft und lächelt gleichfalls.

Ich gebe Sarah einen Kuß auf die Stirn und helfe meinem Glück etwas auf die Sprünge. „Jetzt sag mal, Sarah – war das sehr schlimm?“ Ich warte geduldig, denn es ginge ihr gegen den Strich oder entspräche nicht ihrem Stil, zu schnell zu antworten.

„Nein, eigentlich nicht.“ Dafür braucht sie ewig und drei Tage. Dann erlöst sie mich von meiner Spannung mit einem kaum hörbaren, engelsgleichen Flüstern: „Mag dich!“

Das beste Mittel gegen den Schmerz

Ich will euch trösten,
wie einen seine Mutter tröstet.
Jesaja 66, 13

Liebe Crumb-Bunny,
solange Du hier auf der Station bleibst, braucht man hier keinen Wecker. Wenn Du aufwachst, werden alle munter! Du genießt es, den Tag damit zu beginnen, daß Du im Mittelpunkt stehst und ein ganzes Schwesternteam hofft, daß Du sie mit einem Lächeln begrüßt. Die anderen Patienten müssen auf ihr Bad warten.

Mittlerweile liebst Du die Schwestern schon so sehr, daß ich fast schon glaube, Du verstehst, daß Mama und Papa sich etwas erholen müssen. „Aber es ist das erste Mal, daß ich über Nacht nicht bei ihr bin", sagte Deine Mama, als Du eingeliefert wurdest.

„Sie waren ein Jahr lang in Rufbereitschaft in einer Einzelpraxis, Dr. Mama." Ich versuche mein Glück, sie davon zu überzeugen, daß eine kurzfristige Trennung langfristige Vorteile haben kann. „Es wird Zeit, daß wir den Pieper einstecken und Sie sich etwas Ruhe gönnen." Glücklicherweise mag Deine Mama meinen Vergleich.

Du wirst so sehr geliebt, und keiner von Deinen Liebhabern hat sich jemals gefragt, ob Du unsere Liebe auch wert bist. Deine Schmerzen lassen sich einigermaßen in den Griff bekommen. Du bist jetzt für kurze Zeit von Mama und Papa getrennt, aber Du wirst (in meiner Phantasie) in ihre Obhut zurückkehren – bis zu Deiner Hochzeit.

Ich wünschte, daß es allen Kindern so erginge.

Das Mittel gegen starke Schmerzen sind nicht unbedingt stärkere Medikamente. Vor der Knochenmarkstransplantation lag Crumb-Bunny auf der Säuglingsstation. Wenn ich auf diese Station gehe, um meine anderen Patienten zu besuchen, werde ich daran erinnert, daß es andere Formen von Elend gibt, mit geringeren Heilungschancen als Krebs, die die Kleinen befallen können.

Ein sechs Wochen altes Baby in einem Kinderwagen schreit sich die Lunge aus dem Leib. Der Heulton ist uns vertraut. Als ich noch Assistenzärztin war, nannten wir sie die „Junky–Babys", solange der Entzug von den Drogen dauert, die ihre drogenabhängigen Mütter genommen haben. Die Entzugsschmerzen werden mit allmählich verringerten Mengen von Betäubungs- und Beruhigungsmitteln behandelt, aber ein wichtiger Teil ihrer Therapie wird niemals auf dem Patientenblatt verzeichnet werden. Wenn das Baby zu unruhig wird, nimmt es jemand aus dem Bett und hält es im Arm.

Ich nehme den Säugling von seinem tränen- und schweißgetränkten Laken, und das Weinen läßt nach, sobald er behaglich in meinem Arm liegt und sachte gewiegt wird. Es ist schwierig, gleichzeitig ein Kind zu wiegen und zu schreiben, deshalb sehen meine Eintragungen über den Genesungsverlauf der Patienten auf dieser Station merkwürdig sprunghaft aus.

Die Mutter des Babys ging zurück auf die Straße, wo sie ihren Lebensunterhalt verdient, und hat ihr Kind unserer Station und dem Staat überlassen. Manche dieser Babys sind außerdem noch HIV-positiv, auch das Kind auf meinem Arm. Er schläft friedlich, und ich denke an die Worte, die man dem zuschreibt, den Maria als nacktes, warmes Bündel in ihrem Arm hielt: Und wer ein Kind aufnimmt in meinem Namen, der nimmt mich auf.[1]

Das Baby auf meinem Arm bewegt sich. Ich habe den Papierkram erledigt und keinen Grund mehr, hier herumzusitzen. Also wiege ich ihn noch einen Augenblick, während ich den Horizont nach anderen Ersatzeltern absuche, die meinen Platz einnehmen könnten. Ein Assistenzarzt erspäht mich mit dem Baby und bietet mir an, die nächste Schicht zu übernehmen. Wie mein alter Chef mich vor vielen Jahren ermutigte, Millies Heilung voranzubringen, indem ich mich ihr ganz zuwende, so versuche ich, die nächste Generation junger Ärzte zu ermutigen.

Ich küsse den zarten schlafenden Kopf, bevor ich ihn meinem Lehrling weiterreiche. Der süße Duft von Babyshampoo haftet auf meinem Pullover und erinnert mich daran, wie wichtig menschliche Nähe ist, wenn es darum geht, Schmerzen zu lindern.

Dem Dieb ein Schnippchen schlagen

Ein Dieb kommt nur, um zu stehlen, zu schlachten und umzubringen.
Ich bin gekommen, damit sie das Leben und volle Genüge haben sollen.

Ein Wort Jesu aus Johannes 10, 10

Liebe Crumb-Bunny,
mein Herz sank, als ich Dich das erste Mal sah. Die Testergebnisse waren noch nicht zurück, aber ich kannte schon die Diagnose. Ich verbringe schon zu viele Jahre damit, diesem Dieb ein Schnippchen zu schlagen. Ich weiß nur allzu gut, wo er sich aufhält, und Deine Eltern wissen es auch.

Deine Mutter tat in ihrer ersten Schwangerschaft alles, um sich selbst und Deinen noch ungeborenen Bruder in acht zu nehmen. Bis auf eine leichte Erkältung gegen Ende der Schwangerschaft lief alles glatt. Aber Dein Bruder kam sehr krank auf die Welt, und man suchte die Antwort in der Geschichte Deiner Mutter und fragte sich, ob es ein Virus war. Mama und Papa begruben Deinen Bruder, nachdem die Autopsie ergeben hatte, daß es eine schlimme Infektion war, die ihn ihnen genommen hatte, ein böser Zufall, der sich nicht wiederholen würde.

Immerhin kamst Du gesund zur Welt. Als das Fieber begann, kam auch die schreckliche Angst zurück. Du kamst zu uns, und Deine Eltern erfuhren, daß die Autopsie in der anderen Klinik die verräterischen Zellen übersehen hatte. Es war kein böser Zufall, sondern eine Krankheit, die zwar nur eines von einer Million Babys tötet, aber eins von vier Geschwistern der betroffenen Babys. Der Dieb war Dir auf den Fersen und wollte Dir das Leben nehmen und Deinen Eltern das einzige überlebende Kind.

Wir versuchten, Zeit zu gewinnen; wir vertrieben den Dieb mit Chemotherapie; Du kamst wieder zu Kräften und hast alle Herzen erobert. Aber der Dieb weiß, was Deine Chancen sind. Der Räuber wartet.

Wir finden uns nicht damit ab, daß sich die Geschichte einfach immer wiederholt. Also haben wir Dich versteckt. Dieser alte Räuber kann Dich in unserem Geheimversteck nicht finden.

Jedes Jahr treffe ich eine wachsende Anzahl von Familien, die sehr schlecht auf die lange Reise vorbereitet sind, die vor ihnen liegt. Für die „Ich-Generation" gibt es zu viele Gelegenheiten, sich zu isolieren, und die Einzelgänger sind leichte Beute für den Dieb.

Während einer Radioshow erzählte der Moderator von einem Erlebnis bei einem Folk-Konzert. Ein Künstler schlug das Publikum in Bann durch eine scheinbar aus tiefster Seele vorgetragene Interpretation von „Amazing Grace". Der Moderator hatte das Gefühl, er müsse dem Sänger sagen, wie sehr ihn die Darbietung berührt hatte, und suchte ihn hinter der Bühne auf. Zu seiner Enttäuschung verneinte der Sänger, auch nur ein Wort von dem zu glauben, was er eben gesungen hatte. Die Worte waren nicht aus dem Herzen gekommen.

Um seiner Enttäuschung Ausdruck zu verleihen, schrieb dieser Mann die Worte von John Newtons berühmtem altem Lied „Amazing Grace" um. Er komponierte eine Hymne, die genau in die heutige Zeit paßt, in der das Ich großgeschrieben wird: „Amazing ‚ME'". Er ließ nicht zu, daß der Dieb ihn erwischte. Während „Amazing ME" auf Selbstbespiegelung und Isolation hinausläuft, führt „Amazing Grace", die Gnade Gottes, zum Miteinander, zur Umorientierung vom Ich-Ich zum Ich-Du und zum Du-Ich.

Ein ziemlich wohlhabender Mann zog in unsere Gegend. Er besuchte mehrere Krebszentren, um zu entscheiden, wo sein krebskranker Sohn behandelt werden sollte. Der Junge brauchte noch Chemotherapie und gründliche Nachsorge. Der Vater hatte schon all unsere Ärzte durchgecheckt. Jetzt war er von unserer Ambulanz beeindruckt.

Er schien von allem, was er sah, ganz angetan, bis wir zum Wartebereich kamen, wo gerade ein paar junge afro-amerikanische

Patienten spielten. Der reiche Mann kniff die Augen zusammen und sein Tonfall änderte sich: „Natürlich muß sich alles nach der schulischen Ausbildung meines Sohnes richten. Wir möchten, daß er gegen Ende des Tages herkommt, damit er keine Stunden versäumt. Ich kann alles bezahlen." Seine Körpersprache unterstrich seine Worte. Er hoffte, daß diese „anderen Kinder" gegen Ende des Tages nicht mehr hier wären. Er kam nie wieder.

Dieser reiche Mann ließ es zu, daß der Dieb ihm einen unbezahlbaren Schatz stahl. Sein ganzes Silber und Gold konnten den Reichtum nicht kaufen, den wir zu bieten haben. Es hängt kein Preisschild an unserem größten Aktivposten: nämlich an uns selbst und all den anderen. Und keiner von uns, ob schwarz oder weiß, jung oder alt, reich oder arm, ist in unserer Familie weniger wert. Man kann sich nicht nachts zur Hintertür hereinschleichen, nachdem mögliche „Aussätzige" gegangen sind, und immer noch das Beste herausholen, was wir zu bieten haben.

In der Kinderklinik, wo die Familien sich begegnen, werden Freundschaften gefestigt, und man kümmert sich um mehr als um das eigene Ich und das, was einen direkt angeht. Gelegentlich gibt es einen Einzelgänger, der schnell herein- und wieder hinausschlüpft, ohne ein Wort mit den anderen zu wechseln oder sie anzublicken. Aber das ist die Ausnahme. Kein Mann, keine Frau, kein Kind, kein Teddybär ist hier eine einsame Insel.

Die Mutter eines Kindes mit Leukämie vermittelte uns neue Einsichten über diese gemeinsame Seite des Kampfes. Bevor ihr eigenes Kind eingeliefert wurde, hatte sie nie ein anderes krankes Kind gekannt. Wo waren sie alle – in irgendeinem Verließ? Oder war sie es gewesen, die die Tür vor diesen anderen zugesperrt hatte und in narzistischer Dunkelheit blieb, bis die Tür gegen ihren Willen aufgestoßen wurde?

Diese Mutter war nicht allein. Viele Eltern frisch diagnostizierter Kinder fragen sich, ob es in ihrer Umgebung eine Krebsepidemie gibt. Sie können nicht glauben, daß es schon immer so viele Kinder mit Krebs gegeben hatte. Bevor sie betroffen waren, waren sie blind für das Ausmaß an Krankheit und Leid, das andere längst vor Augen hatten.

Sarah streicht mit ihrer Hand über ihren eigenen kahlen Kopf, drückt ihre Decke verlegen an sich und geht auf einen Teenager zu. „Hast du auch Leukämie? Du hast gar keine Haare." Ihr 19jähriger neuer Freund hat keine Leukämie, aber eine andere Art von Krebs. Tom hält Alf auf dem Schoß. Er setzt sich trotzig über jeden hinweg, der es wagen sollte zu meinen, er sei zu alt für Plüschfiguren.

Tom sitzt neben seinem Chauffeur-du-jour. Diese Frau, die Ehefrau des Pastors, hat einen Teddy in der Hand. Sie hat einen Untersteh-dich-Blick in den Augen. An einer Seite hat sie einen Stock, auf den sie sich selbst stützt, wenn sie Anfälle von Arthritis bekommt, die sie in ihrer Bewegungsfähigkeit stark einschränken. Er würde jedem Hirtenmädchen gut stehen, dieser hübsch geschnitzte und verzierte Stab, der Ausdruck ihrer Auflehnung gegen die medizinische Normalität. Alfs Freund hat eine wunderbare Begleiterin. Diese Pfarrfrau ist wie ein Kind, aber keineswegs kindisch, eine Eine-Frau-Truppe zur Verbrechensverhütung. Sie würde den Dieb mit ihrem Stock eigenhändig in die Flucht schlagen, wenn er es wagte, sich an Tom heranzumachen.

Wenn Ärzte sich lediglich auf die technischen Einzelheiten der körperlichen Krankheit konzentrieren, leisten sie Beihilfe zum Diebstahl. Wenn Schwestern das Zusammenspiel von Seele und Leib nicht beachten, füllt sich der Sack mit Beute. Wenn die Familie es nicht schafft, „Amazing ME" gegen „Amazing Grace" auszutauschen, bleibt der Dieb Sieger und holt sich das nächste Opfer. Das Schöne an meiner Arbeit ist zu sehen, wie immer wieder Familien von den Fesseln befreit werden und der Feind hinter Gitter kommt.

Auf den Flügeln der Hoffnung

Die auf den Herrn vertrauen, kriegen neue Kraft,
daß sie auffahren mit Flügeln wie Adler.
Jesaja 40, 31

Liebe Crumb-Bunny,
Du kommst an Dein Plastikfenster, um mich wie immer mit Deinem bezaubernden Lächeln zu begrüßen. Wie ein kleiner Engel flatterst Du mit den Armen auf Deiner Reinluftinsel. Ich mache Deine Bewegung nach, und Du bist entzückt. Wenn Du weiter flatterst, wirst Du aus Deiner keimfreien Goldfischkugel aufsteigen!

Jetzt legst Du Dich in Deine bevorzugte Schlafposition, das Gesicht zur Seite gedreht und Deinen Windelpo gen Himmel gereckt, als wolltest Du alles aussperren und nur noch schlafen. In diesem Augenblick siehst Du in meinen Augen wie ein Barockengel aus. Ich stecke meine Hand durch den Plastik-Schutzhandschuh, um Dich zu streicheln. Du bewegst Dich leicht im Schlaf, sagst „Ja" und „Nein" zu meiner Umarmung. Im Moment gehören Deine Träume Dir allein.

Träum süß, Omas kleiner Engel!

Wie kommt es, daß sich kleine Kinder wie meine Patienten in himmlische Sphären schwingen, während Erwachsene wie ich regelmäßig auf die Erde zurückplumpsen? Oder sogar laufen. Neulich las ich, daß Gänse in Formation viel schneller fliegen als einzeln.[1] Es ist schwer, ganz allein zu fliegen. Hochfliegende Gänse brauchen feingefiederte Begleiter. Ebenso wie gewöhnliche Sterbliche Begleitung brauchen, wenn sie durch dunkle Täler gehen.

In *Fenster in den Himmel* habe ich die Geschichte von Naomi erzählt. Ihr Traum überzeugte sie von der Liebe Gottes, selbst in einem Moment, als sie wußte, daß ihr Baby an Krebs sterben würde.[2] Naomi war so sehr davon überzeugt, daß Gottes Liebe in seinem Plan für ihr Leben Gestalt annehmen würde, daß sie sich damit zufrieden gab, nicht zu wissen, ob ihr noch mehr Kinder geschenkt würden.

Es ist nun acht Jahre her, seit ihr erstes Kind starb. Gottes Plan hat ihre kleine Familie inzwischen um zwei gesunde Kinder vergrößert und der Jüngste, Christian, ist jetzt drei. Beim Abendessen erzählte er Naomi: „Heute Nacht war ein Engel bei mir, den mochte ihn gern. Da habe ich gesagt, er kann doch bei mir übernachten. Und dann habe ich ihn zu meinem Geburtstag eingeladen." Es war um Weihnachten, eine Zeit, in der reichlich von Engeln die Rede ist. Fasziniert fragte seine Mutter: „Blieb der Engel über Nacht?" – „Nein", antwortete der Kleine und fügte hinzu: „Er war ein Baby, und er war sehr krank."

„Wie sah der Engel aus?" beharrte die Mutter erstaunt.

„Ganz viel Licht, wie ein Weihnachtsbaum."

Naomi ist eine kluge Frau, die weiß, wann ein Dreijähriger ein Thema abgeschlossen hat und keine weiteren Nachfragen Erwachsener duldet. Also ließ sie ein paar Monate verstreichen, bevor sie Christians engelhaften Besucher wieder zur Sprache brachte. Sie fragte ihn, was ihm der Engel gesagt hatte. Das Kind wurde ganz still und sagte: „Das ist ein Geheimnis."

Ich bin zwar ein Erwachsener, aber ich mache Fortschritte. In Gesellschaft dieser kleinen Kinder und ihrer Eltern verliere ich mein Mißtrauen gegenüber Wesen mit Flügeln.

Was mich an krebskranken Kindern erstaunt, ist, wie leicht sie verstehen, was es bedeutet, den Bund einzuhalten: Menschen zu sein, die Hoffnung haben. Kinder, die hoffen können, daß sie weiterleben, schrecken nicht vor denen zurück, die wahrscheinlich sterben werden. Ihre Eltern finden es wohl viel schwieriger, in der Nähe weniger glücklicher Familien zu bleiben, aber auch sie versuchen ihr Bestes.

Eltern von Kindern mit Crumb-Bunnys Krankheit haben sich zusammengeschlossen, um sich gegenseitig zu helfen und die

Forschung zu unterstützen. Die „FEL-Kämpfer“* und die „FEL-Engel“ gehören zur selben Familie. Der Tod hat nicht die Macht, diese Eltern zu trennen oder so weit zu bringen, daß sie sich voreinander fürchten.

Matt hatte gerade seine Behandlung des Burkitt-Lymphoms begonnen, als er Brian begegnete, der im Endstadium seiner Krankheit in die Kinderklinik eingeliefert worden war. Matt spricht voller Zuneigung von dem Jungen, davon, daß er für ihn betet. Er hat keine Angst davor, sich auf eine enge Begegnung einzulassen.

Vor ein paar Monaten hoffte Brian, daß die Medikamente den Krebs heilen würden. Aber das hielt ihn nicht davon ab, Sharon zu besuchen, die nicht mehr lange zu leben hatte. Drei Monate nach Sharons Tod besucht ihr Vater Brians Mutter. Brian, der jetzt weiß, daß er sterben wird, fragt Sharons Vater, ob er eine Botschaft für Sharon habe, die er ihr mitnehmen könne.

Eine junge Künstlerin ist das jüngste Mitglied unserer Kinderklinik-Familie. Vor wenigen Monaten überstand Korey eine Spezial-Operation, die ihren krebsbefallenen Knochen entfernte und glücklicherweise ihr Bein rettete. Obwohl ihre Überlebenschance jetzt, nach Ende der Chemotherapie, bei 95 Prozent liegt, scheut sie sich nicht, über krebskranke Kinder zu sprechen, die nicht überlebt haben. Für Korey ist die Hoffnung stärker als die Statistik und die Medizin, und so betet sie auch für Brian.

Im Epilog zu *Fenster in den Himmel* habe ich gesagt, daß ich noch einige unbeantwortete Fragen an Gott habe, was den Tod von Kindern anbetrifft. Um mit unbeantworteten Fragen über den Tod von den ganz Kleinen zu leben, braucht man die Gnade, damit Hoffnung entsteht. Daß auch Überlebende die Gnade brauchen, daran hat mich ein bekannter Baseballstar, Dave Dravecky, erinnert.[4]

Wir sprachen über meine kleine Künstlerin Korey, die einen ähnlichen Tumor hat wie er selbst, bevor er durch Amputation entfernt worden war und damit seine Baseballkarriere beendete. Dave Dravecky dachte über Korey und die anderen tapferen Kinder nach, die er kennengelernt hatte, seit er selber Krebspatient gewor-

---

* FEL vgl. Fußnote 2 zum Prolog auf Seite 108

den war. Während er redete, schweifte sein Blick nach oben, in andere Sphären. Diese Worte sind ihm wichtig und helfen ihm, sich getragen zu wissen:

> Wir haben aber diesen Schatz in irdenen Gefäßen, damit die überschwengliche Kraft von Gott sei und nicht von uns. Wir sind von allen Seiten bedrängt, aber wir ängstigen uns nicht. Uns ist bange, aber wir verzagen nicht. Wir leiden Verfolgung, aber wir werden nicht verlassen. Wir werden unterdrückt, aber wir kommen nicht um. Wir tragen allezeit das Sterben Jesu an unserem Leibe, damit auch das Leben Jesu an unserem Leibe offenbar werde . . .
> Darum werden wir nicht müde; sondern wenn auch unser äußerer Mensch verfällt, so wird doch der innere von Tag zu Tag erneuert. Denn unsere Trübsal, die zeitlich und leicht ist, schafft eine ewige und über alle Maßen gewichtige Herrlichkeit, uns, die wir nicht sehen auf das Sichtbare, sondern auf das Unsichtbare. Denn was sichtbar ist, das ist zeitlich; was aber unsichtbar ist, das ist ewig.[5]

Die Hoffnung, die sie erfüllt, trägt auch meine Jugendlichen und Junggebliebenen, hebt sie empor. Flugformationen finden sie ganz von selbst, diese beflügelten Menschen, die das Leben lieben. Und so bedrängt, bange, verzagt, verfolgt und niedergeschlagen ich mich auch manchmal fühle, wenn ich all die Antworten nicht weiß, werde ich doch nicht müde. Mit ihnen schaue ich auf das, was ewig ist, aber noch unsichtbar.

Epilog

Einladung zur Hochzeit

> Versammelt das Volk, heiliget die Gemeinde, sammelt die Ältesten, bringt zusammen die Kinder und die Säuglinge! Der Bräutigam gehe aus seiner Kammer und die Braut aus ihrem Gemach.
>
> Joel 2, 16

Liebe Crumb-Bunny,
heute ist ein Festtag des Lebens, an den man sich immer erinnern wird, ein medizinischer und auch ein persönlicher Meilenstein. Das Knochenmark einer Fremden fließt in Deinen Venen. Diese fremden Zellen, die ihr neues Zuhause suchen, entscheiden darüber, ob Du stirbst oder überlebst. Und wie kann etwas, das das Leben rettet, wirklich fremd sein?

Wie sorgsam und wunderbar bist Du gemacht, daß diese Zellen wissen, wo sie hingehören, wie sie Gesundheit verbreiten und Geschichte machen sollen!

Du bist jemand, der dazu bestimmt ist, Geschichte zu machen. Und heute wird nicht das letzte Mal sein. Ich bin fest entschlossen, so lange zu leben, daß ich noch dabei bin, wenn Du heiratest. Ich sehe schon die Schlagzeile:

ALS BABY KNOCHENMARKSEMPFÄNGERIN, HEUTE BRAUT.

„Dr. Crumb Bunny wurde heute in der Dwight-Kapelle der Yale-Universität getraut. Die Braut trug ein elfenbeinfarbenes Satinkleid mit viktorianischer Spitze, handgefertigt von ihrer 82jährigen Ärztin/Großmama.

Die Braut promovierte mit Auszeichnung am medizinischen Institut der Yale Universität und erhielt die Titel Dr. med. und Dr.

phil. Der Nobelpreis in Medizin wurde Dr. Crumb Bunny verliehen für das Bestimmen und Klonen des Gens, das für die familiäre erythrophagocytische Lymphohistiozytose, auch als FEL bekannt, verantwortlich ist. Sie ist die jüngste Akademikerin, die diesen Preis jemals zuerkannt bekam.

Nach kurzen Flitterwochen in Florenz, Italien, wird das Paar dort am Internationalen Kongreß für Gentherapie bei FEL teilnehmen. Die Braut ist die Hauptrednerin des Kongresses.“

Ich könnte das ganze Buch mit meinen Träumen für Dich füllen. Träume, wie sich Prinzessinnen und Großmamas gemeinsam in die Lüfte schwingen.“

Die meisten von uns teilen das Leben in wichtige Ereignisse auf. Geburt, Taufe, Schulabschluß, Hochzeit, Tod – dies sind die Meilensteine auf einem normalen Lebensweg. All diese Ereignisse sind uralte Rezepte, vertraut, aber keineswegs gewöhnlich. Richtig gewürzt, so daß ihr einmaliger Stellenwert unterstrichen wird, machen sie unser Leben sehr schmackhaft.

Für mich sind die liebsten Lebensabschnitte meiner Patienten Schulabschluß und Hochzeit. Vor allem Hochzeit. Bei einigen kommt mir das Warten wie eine Ewigkeit vor, und ich stehe mit ihnen die Seelenqualen einer jungen Liebe durch. Manchmal helfe ich ihren Träumen auch nach.

Zu mir kam eine Zweijährige aus Nigeria mit Krebs in fortgeschrittenem Stadium. Chimmas Mutter wollte sie nicht nach Hause bringen, ohne zumindest alle Behandlungsmöglichkeiten ausgeschöpft zu haben, trotz meiner ernüchternden statistischen Fakten. Das Kind reagierte auch prompt auf die Chemotherapie. Trotzdem gab es noch keinen Grund zu glauben, sie würde nicht innerhalb weniger Jahre an diesem Tumor sterben. Sie war kein Fall für therapeutische Standardmaßnahmen.

Sechs Monate später ging es Chimma immer noch gut, und ich wurde zur Hochzeit ihrer Cousine hier in Connecticut eingeladen. Ihr Vater schickte mir ein traditionelles Ibo-Kleid und einen Kopfschmuck zum Anziehen.

Beim Empfang erhielt ich einen Platz am Kopf der Tafel, was mich als Matriarchin vom Dienst auszeichnete. Meine Aufgabe war es, das Werfen des Brautstraußes zu überwachen. In dieser Hinsicht bin ich so etwas wie eine Expertin. Ich bin wahrscheinlich Weltrekordinhaberin im Fangen von Brautsträußen.

Ich forderte die kleineren Mädchen auf, mitzumachen, sah mit Expertenblick, wo der Strauß landen würde, und führte meine kleine Patientin genau in die Wurfbahn. Nachdem ich das Zeichen zum Werfen gegeben hatte, stand ich hinter Chimma und dirigierte den Strauß in ihre Hände. Die anderen Gäste klatschten Beifall und teilten die Hoffnung, daß das Kind leben würde, um selbst einmal eine Braut zu werden.

Diese Hochzeit von Chimmas Cousine und das Werfen des Brautstraußes waren die Ereignisse, die mich zum erstenmal fragen ließen: „Warum nicht?" Warum sollte Chimma nicht leben? Sogar mit ihren statistischen Überlebenschancen, die gegen Null standen, hatte sie ein Recht auf Hoffnung.

Manchmal braucht man symbolische Tage wie Hochzeiten, damit man lernt, die richtigen Fragen zu stellen, Hoffnungsbücher zu entwerfen und Brautsträuße zu fangen. In der paradoxen Welt, in der ich lebe, ist es schmerzhaft einfach, Kinder wie Chimma und Crumb-Bunny und all die anderen einfach liebzuhaben. Ich wette, jeder andere würde sie auch lieben, wenn er das Risiko einginge, ihnen so nahe zu kommen wie ich und nicht danach zu fragen, ob sie auch ganz sicher überleben.

Vor nicht allzu langer Zeit bemerkte die Autorin Valerie Bell, es sei nicht leicht, überhaupt die Kinder anderer Leute zu lieben, selbst wenn sie gesund sind.[1] Anscheinend fällt uns das nicht einfach natürlicherweise zu.

Ich möchte die Gedanken von Valerie Bell weiterspinnen. Es ist nicht leicht, die Erwachsenen anderer Leute zu lieben. Es ist ja nicht einmal leicht, die eigenen Erwachsenen zu lieben!

Sind Sie bereit, sich weit genug auszustrecken, um einen oder zwei Erwachsene zu lieben, die sie geflissentlich übersehen haben? Ihre Gesellschaft zu suchen, statt ihre Gegenwart zu meiden? Eine Bundes-Gemeinschaft ist dazu da, auszuschwärmen, um die Kinder und die Erwachsenen anderer Leute zu finden und sie zum

Höhenflug einzuladen. Es mag nicht einfach sein, es mag sogar unmöglich erscheinen, aber es gehört zur Flugformation im Volk der Hoffnung.

Es ist jetzt zwölf Jahre her, daß Chimma den Brautstrauß fing. Eigentlich müßte sie schon tot sein, aber statt dessen ist sie ein liebenswerter Teenager und sehr klug. Ihr Vater schickt mir regelmäßig Photos aus Nigeria. Ihre jüngste Schwester heißt Diane.

In ein paar Jahren werde ich meine Post durchsehen und auf eine Einladung zur Hochzeit warten. Dann werde ich mich fragen, was ein Flug nach Lagos kostet. In der Zwischenzeit genieße ich die Briefe, die Photos, die Neuigkeiten. In der Ibo-Sprache heißt Chimma „Gott ist gut".

Das Bild von der Hochzeit stammt aus der Bibel. Dort wird es im Zusammenhang mit der Gemeinde gebraucht. Als ich noch studierte, konnte ich mit dieser ganzen Sprache nicht mehr viel anfangen, so wie ich damals vom Glauben dachte. Aber meine Erfahrungen als Ärztin am Bett sterbender Kinder führten mich schließlich dazu, meinen christlichen Glaubens–Beruf neu zu überdenken. Es waren sterbende Kinder, die mich einluden, ihrem Bund beizutreten, die Hochzeit mitzufeiern.

Meine frühen Erfahrungen mit dem Christentum machten mich skeptisch gegenüber den meisten Kirchen und Gemeinden. Ich zog es vor, mir meine eigene Designer–Religion zu schaffen. Ich hatte meine eigene Kathedrale, nämlich riesige Wälder. Ich konnte selber Bibel lesen und mit Gott Privatgespräche führen. Aber es ist schwierig, dieses Buch zu lesen, ohne jemanden zu suchen, mit dem man über die Botschaft reden kann. Es ist, wie wenn man allein in einen guten Film geht, ohne daß jemand dabei ist, den man in die Rippen stoßen kann, wenn einen die Geschichte fesselt.

> Ein Bund verpflichtet nicht nur den einzelnen. Gott schließt seinen Bund mit Abraham, aber durch diesen Bund ruft Gott eine Gemeinschaft ins Leben, die als dienende Gemeinde Verantwortung für andere übernimmt. Sonst entartet der Bund in das Engagement eines Einzelgängers, des Arztes als einsamer Revolverheld.[2]

Ironischerweise habe ich genau zu der Zeit, als ich allein in den Wäldern umherwanderte, den Eltern meiner schwerkranken Kinder geraten, keine einsamen Revolverhelden zu sein. Ich bemerkte, daß diejenigen Eltern in meiner Praxis, die „es schafften", sich mit Gleichgesinnten zusammentaten, die so unvollkommen waren wie sie selbst. Schließlich hörte ich das Echo meiner eigenen Worte immer wieder. In dem Echo erkannte ich, wie weit mein beruflicher Rat an die Eltern von meinem eigenen Verhalten entfernt war.

Dieser einsame Revolverheld schloß sich einer Glaubensfamilie am Ort an, auch wenn sie unvollkommen war, unvollkommen wie ich selbst. Diese Glaubensfamilie wurde zu meinem Resonanzboden, während ich versuche, meinen wachsenden Glauben mit meiner Lebensaufgabe in Einklang zu bringen. Darum geht es bei einem Bund: sich mit anderen zusammenzuschließen, viele einzuladen, das Fest vorzubereiten. Es macht keinen Spaß, alleine essen zu gehen. Und kein Brautpaar lädt nur einen einzigen Gast ein.

Die Gemeinschaft ist eine hinreißende Braut, in weißes feines Leinen gekleidet, schön und rein. Dies ist die Offenbarung, die Johannes auf der Insel Patmos sah, eine Vision von einem Besucher mit Flügeln. „Selig sind, die zum Hochzeitsmahl des Lammes berufen sind", sagte der Engel.[3]

Wegen einiger Kinder, die mir begegnet sind, habe ich vieles verworfen, was ich früher gedacht habe. Die Dinge sind nicht so, wie ich vermutet hatte. Es gibt Grund zur Hoffnung. Das Leben kann den Tod besiegen, der Humor an die Stelle der Tragik treten. Die Schwachen und Törichten übernehmen die Führung, und ich bin oft weise genug, ihnen zu folgen.

Komm, begleite mich, mein Freund. Es soll ein Hochzeitsfest geben. Aber ich muß mich erst fertigmachen, genau wie du. Laß die Vorurteile zurück und zieh die Schuhe aus, denn hier ist heiliger Boden. Denk nicht an die Hindernisse am Boden. Hebe die Augen auf, mache dich auf den Weg und suche dein Ziel.

Du brauchst keine Antwort auf all deine schwerwiegenden Fragen um mitzukommen, nur Liebe zu dem, was unsichtbar ist und ewig. Und wenn du dich auf dem Weg zum Fest verläufst, laß dich nicht entmutigen. Gott wird dir ein Kind schicken, das dir den Weg zeigt.

„Pst, kleine Crumb-Bunny – Oma ist hier. Die Knochenmarksinfusion ist jetzt abgeschlossen. Selbst wenn Du es nicht bemerkst, tut sich in Dir schon etwas.

Du stehst da und klatschst in die Hände, um mich zu begrüßen. Aber anstatt mir mit dem Handrücken Abschied zuzuwinken, streckst Du mir Deine winzige Hand entgegen, um mit mir zu schäkern und mich willkommmen zu heißen. Statt Deines drolligen Winkens kommt zum ersten Mal Deine Handfläche zum Vorschein. Die Zeit ist gekommen, kleiner Engel, daß Du Dein Geheimnis lüftest.

Du kicherst und zierst Dich und zeigst mir etwas Neues. Schließlich kann ich sehen, womit Du Dich so intensiv beschäftigt hast, als Du Dein Patschhändchen öffnest, um mich zu begrüßen. Zum ersten Mal sehe ich Dein großes Geheimnis. Es ist der unsichtbare und ewige Gott, der in Deiner Handfläche eingraviert ist. Komm näher, mein Schatz. Komm, nimm meine Hand.

In Liebe
Deine Diane

Nachwort

Vierzehn Tage nach der Knochenmarkstransplantation zeigten Crumb-Bunnys Blutwerte zum ersten Mal Anzeichen, das von ihrem Knochenmark neues Leben ausging. In Rekordzeit bildete sie normale Zellen, mit denen sie sich gegen Infektionen und Blutungen wehren konnte. Nicht mehr lange, und der Schmetterling würde sich aus seiner sterilen Puppe befreien können.

Am Dienstag nach Ostern, sechs Wochen nach der Transplantation, betrat ihre Mutter die Lebensinsel zum ersten Mal ohne Mundschutz, Handschuhe, Kittel. Ich hatte das Privileg, auf diesem heiligen Boden dabeizusein.

„Darf ich ihr einen Kuß geben?" fragte sie. Einundfünfzig Tage lang hatte diese junge Mutter ihr einziges überlebendes Kind nicht umarmen dürfen. „Ich darf dich wirklich küssen!"

Sie zog dem Kind ein Osterkleid an, Hut, Handschuhe und Schuhe. Selbst ihr Schnuller paßte farblich dazu. Auf dem Weg nach draußen hielt Crumb-Bunny kurz inne und bewunderte sich in einem Spiegel. Sie war einfach umwerfend.

Dann wackelte die Kleine mit ihren Eltern hinaus, ohne sich nur ein einziges Mal umzudrehen.

Anmerkungen

Prolog

1 Erzählt nach einer Geschichte, die Jack Hayford in einer Rede mit dem Titel „Shout for Joy erwähnt hat. Boston, Januar 1992.
2 Informationen über familiäre (erbliche) erythrophagocytische Lymphohistiozytose (FEL) können Sie anfordern bei der „Hisitocytosis Association of America“, 609 New York Road, Glassboro, N. J. 08028.

Ein Kind weist den Weg

1 Ein Kinderonkologe ist ein Spezialist für Krebs bei Kindern. Die genaue Formulierung für mein Fachgebiet wäre „Hämatologie-Onkologie“. Wir betreuen auch Kinder mit nicht-krebsartigen Blutkrankheiten, wie z.B. Histiozytose, vor allem wenn eine Behandlung wie bei Krebserkrankungen angeraten ist. Der Einfachheit halber habe ich die Begriffe „Onkologie“ und „Krebs“ (die 90 Prozent meines Arbeitsbereiches betreffen) in einem weiteren Sinne verwendet, als ich das bei wissenschaftlichen Veröffentlichungen tun würde.
2 Siehe Jesaja 11, 6.

Mein Herz soll brechen

1 Titel eines Buches von Richard Gahman: „Let My Heart be Broken with the Thing that Breaks the Heart of God“, New York: McGraw Hill, 1960.
2 Brockhaus Enzyklopädie, Bd. 6, Mannheim: Brockhaus, 1988. (Hervorhebung von der Autorin.)
3 Siehe „Fenster in den Himmel“, Kapitel 11, S. 82–86.
4 Matthäus 28, 20.
5 Die Erfahrung dieses Pastors ist typisch. Der durchschnittliche Hausarzt in einer typischen Gemeinde diagnostiziert in einer langen Berufspraxis bei nur einem Kind Krebs. Weder der Geistliche noch der Arzt – beide mit langer Berufserfahrung – haben persönlich die nötige Erfahrung, wenn sie diesem einen Kind gegenüberstehen.

Gegen alle Wahrscheinlichkeit

1 Jackie Pullinger, aufgezeichnet von Andrew Quicke, „Licht im Vorhof der Hölle“, Asslar: Schulte + Gerth, 1982.

Kleine Michelangelos

1 Paul S. Minear, „Eyes of Faith“, Philadelphia, Westminster Press, 1956.
2 Leanne Payne, The Healing Presence. Dt. Ausgabe: Heilende Gegenwart, Aussaat, Neukirchen-Vluyn 1994.

Verbündete

1 William F. May, „A Physician‘s Covenant: Images of the Healer in Medical Ethics“, Philadelphia, Westminster Press, 1983.
2 Vgl. 1. Mose 31, bes. V. 43–53.
3 Peschel, Richard E. und Enid Rhodes Peschel, „When a Doctor hates a Patient and Other Chapters in a Young Physician‘s Life“, Berkeley: Univ. of Calif. Press, 1986, S. 118.
4 Siegel, Bernie, „Prognose: Hoffnung“. Düsseldorf: Econ, 1991, S. 289.
5 Matthäus 25, 40.

Wie Blumen im Sonnenlicht

1 Matthäus 21, 16.
2 Auszug aus einem Artikel in der „New York Times“, „Dartmouth Redesigns Medical Training to Give Future Doctors a Human Touch“ , 2. Sept. 1992, B 7.

Die Parabeln vom Apple-Doll-House

1 Morris West spricht von Down–Kindern als „les petites boufonnes du bon Dieu“ in seinem wunderbaren Roman „Die Gaukler Gottes“. München: Droemer Knaur, 1981.
2 Das Apple-Doll-House war ein Projekt der S.A.R.A.H. (Shoreline Association for the Retarded and Handicapped – eine Vereinigung für geistig und körperlich Behinderte), Guilford, Connecticut.
3 „The poignant thoughts of Down‘s children are given voice“ , Artikel in der „New York Times“, 22. Dezember 1987, C 1, 9.
4 Harold H. Wilke, „Creating the Caring Congregation“, Nashville: Abington, 1980, Vorwort.
5 3. Mose 21, 18–21.

Um Leben und Tod

1 Peter Kreeft, „Love is Stronger than Death“, San Francisco: Harper & Row, 1979, XV.
2 Johannes 14, 27.
3 Elisabeth Kübler-Ross, „Interviews mit Sterbenden“. Stuttgart: Kreuz- -Verlag, 1969.
4 Shiela Cassidy, „Sharing the Darkness“, London: Darton, Longman & Todd, 1988; vgl. Lukas 4, 11–18.
5 Conrad Hyers, „Easter Hilarity“, in „And God created Laughter: The Bible as Divine Comedy“, Atlanta: John Knox Press, 1987, 24–28. (Zitiert nach Doris Donnelly in „Divine Folly: Being Religious and the Exercise of Humor“, Theology Today, Jan. 1992, 385–398)
6 1. Korinther 15, 54.

In Gottes Behandlungsteam

1 Johannes 9, 2.
2 Johannes 9, 3.

Schönheit durch Abglanz

1 Matthäus 10, 39.
2 Matthäus 5, 4; paraphrasiert von J.B. Phillips in „Dein Gott ist zu klein“. Moers: Brendow, 1991.

Welche Farbe hat der Schmerz?

1 Sprüche 3, 5–6.
2 Der Psychiater M. Scott Peck schreibt in seinem Buch „A Road Less Traveled“ (New York 1978), die Neigung, Schmerz zu vermeiden, sei „die häufigste Ursache aller Geisteskrankheiten“.
3 Aus „Sich dem Berg Morija stellen“ in: „Fenster in den Himmel“
4 Aus „Prolog der Engel“ in: „Fenster in den Himmel“.
5 Übersetzung des Mephistopheles-Librettos von DECCA 1984.
6 Lukas 4, 6–8.
7 Matthäus 11, 28.

Das beste Mittel gegen den Schmerz

1. Matthäus 18, 5.

Auf den Flügeln der Hoffnung

1 Browne Barr, „High-Flying Geese: Unexpected Reflections on the Church and its Ministry" , New York: Seabury Press, 1983, S. 19.
2 Siehe „Gebete, die viel vermögen", „Fenster in den Himmel", S. 51–55.
3 Dave Dravecky erzählt seine Geschichte in zwei Büchern: „Comeback" , Grand Rapids: Zondervan, 1990, und „When You Can't Come Back", Grand Rapids: Zondervan, 1992.
4 2. Korinther 4, 7–10, 16–18.

Epilog:

1 Valerie Bell ist Autorin eines Buches mit dem Titel „Reaching Out to Lonely Kid", Grand Rapids: Zondervan, 1994.
2 Aus William F. May, „The Physician's Covenant".
3 Offenbarung 19, 9.

Ursula Imhof

Mit dem Herzen sehen

ABCteam-Taschenbuch. 160 Seiten
Bestell-Nummer 3-7655-3480-3

Mit dem Herzen sieht man anders als mit den Augen: besser und intensiver.
Im Mittelpunkt dieser neuen Erzählungen, die auf tatsächlichen Ereignissen beruhen, stehen Menschen mit besonderen, ungewöhnlichen Schicksalen. Unsentimental, aber warmherzig, spannend sind diese Geschichten. Sie bieten mehr als Unterhaltung.
Wer mit dem Herzen sieht, rückt an die Stelle von Lieblosigkeit menschliche Wärme. Verzweiflung verwandelt sich in Hoffnung, Verzagtheit in neuen Mut. Mit dem Herzen sehen: Es lohnt sich.

BRUNNEN VERLAG GIESSEN